Cornelia Boos

# Kundenbindung im Zeitalter der Digitalisierung

## Virtuelle Communities als Kommunikationsmittel des Kundenbindungsmanagements

**Bibliografische Information der Deutschen Nationalbibliothek:**
Die Deutsche Nationalbibliothek verzeichnet diese Publikation in der Deutschen Nationalbibliografie; detaillierte bibliografische Daten sind im Internet über http://dnb.d-nb.de abrufbar.

**Impressum:**

Copyright © Science Factory 2019

Ein Imprint der GRIN Publishing GmbH, München

Druck und Bindung: Books on Demand GmbH, Norderstedt, Germany

Covergestaltung: GRIN Publishing GmbH

## Kurzfassung / Abstract

Die vorliegende Bachelorarbeit befasst sich mit Erfolgsfaktoren von Kommunikationsinstrumenten des Kundenbindungsmanagements. Dabei wurden Determinanten sowie Kommunikationsinstrumente der Kundenbindung ermittelt. Der Fokus liegt auf virtuellen Communities, da diesem Instrument eine hohe Kundenbindung unterstellt wurde. Mithilfe einer Scoring-Methode wurde geprüft, welche Kommunikationsmittel in Zeiten der Digitalisierung am besten für das Kundenbindungsmanagement geeignet sind. In Folge der Untersuchung konnte bestätigt werden, dass virtuelle Communities im Vergleich zu drei weiteren Instrumenten das nützlichste, alleinstehende Kommunikationsmedium darstellen.

Schlagwörter: Kundenbindung; Commitment; virtuelle Communities; Online Communities; Kundenzufriedenheit; Kundenbindungsmanagement; Kommunikationsinstrumente; Scoring-Modell; Nutzwertanalyse

*** 

The following bachelor thesis deals with success factors of communication tools in terms of customer retention management. Several determinants and communication tools could be obtained. The main focus of this research is on virtual communities since it is suggested that this tool creates a high customer retention. With the aid of a scoring model was tested which communication tool is the most useful in times of digitalization. As a result of the analysis could be confirmed that virtual communities are the most useful, single communication tool.

Keywords: customer retention; commitment; virtual communities; online communities; customer satisfaction; customer retention management; communication tools; scoring model; utility analysis

# Inhaltsverzeichnis

Kurzfassung / Abstract .................................................. III

Abbildungsverzeichnis ................................................. VI

Tabellenverzeichnis ..................................................... VII

Abkürzungsverzeichnis ................................................ VIII

**1 Einleitung** .................................................................. 1

**2 Grundlagen des Kundenbindungsmanagements** ............ 3
    2.1 Definition und Abgrenzung der Begrifflichkeiten ............ 3
    2.2 Kundenbeziehungen .................................................... 6

**3 Kundenbindung im Kontext des Kundenbeziehungsmanagements** ........................... 12
    3.1 Determinanten der Kundenbindung ............................ 12
    3.2 Beziehung zwischen Kundenzufriedenheit und Kundenbindung .. 19
    3.3 Kommunikationsinstrumente ..................................... 21

**4 Virtuelle Communities als Kundenbindungsinstrument** ...... 30

**5 Scoring-Modell als universelle Nutzwertanalyse des Kundenbindungsmanagements** ............................ 36
    5.1 Untersuchungsdesign .................................................. 36
    5.2 Durchführung ............................................................. 38
    5.3 Auswertung und kritische Würdigung ......................... 44

**6 Fazit** ..........46

6.1 Zusammenfassung ..........46

6.2 Handlungsempfehlungen und Zukunftsprognosen ..........47

6.3 Kritische Reflexion ..........47

**Literaturverzeichnis** ..........**48**

**Weiterführende Literatur** ..........**55**

## Abbildungsverzeichnis

Abbildung 1: Abgrenzung des Customer Relationship Managements ...... 3

Abbildung 2: Confirmation-Disconfirmation-Paradigma ...................... 8

Abbildung 3: Kundenbeziehungszyklus (Bruhn 2012, S. 10) ................ 10

Abbildung 4: Zusammenhang zwischen Kundenzufriedenheit und Kundenbindung .................................................................. 20

Abbildung 5: Konsumenten-Engagement-Prozess in einer virtuellen Community ........................................................................ 32

## Tabellenverzeichnis

Tabelle 1: Kommunikationsinstrumente des
Kundenbindungsmanagements .................................................................. 23

Tabelle 2: Bewertungstabelle Kommunikationsinstrumente des
Kundenbindungsmanagements .................................................................. 37

Tabelle 3: Bewertungskriterien von Kommunikationsinstrumenten des
Kundenbindungsmanagements mit Gewichtung ...................................... 39

Tabelle 4: Scoring-Modell von Kommunikationsinstrumenten des
Kundenbindungsmanagements .................................................................. 43

# Abkürzungsverzeichnis

| | |
|---|---|
| CD | Confirmation-Disconfirmation |
| CRM | Customer Relationship Management |
| KB | Kundenbindung |
| KBM | Kundenbindungsmanagement |
| KBZ | Kundenbeziehungszyklus |
| KI | Kommunikationsinstrumente |
| KZ | Kundenzufriedenheit |
| VC | Virtuelle Communities |
| WOM | Word of Mouth |

# 1 Einleitung

In den letzten Jahrzehnten hat ein Umdenken in Unternehmen stattgefunden vom produkt- und prozessorientierten Transaktionsmarketing hin zum kundenorientierten Beziehungsmarketing (vgl. Henseler/Hoffmann 2003, S. 11; vgl. Peter 1999, S. 1). In diesem Bezug wird auch oft von einem Paradigmenwechsel gesprochen (vgl. Schneider 2008, S. 2 f.). Die Thematik der Kundenbindung wird daher seit den 80er-Jahren eingehend untersucht (vgl. Lehr 2006, S. 63). Mittlerweile hat sich der Wettbewerb intensiviert. Moderne Technologien werden zunehmend genutzt, vielseitige Kommunikations- und Vertriebswege haben sich entwickelt und neue Informationstechnologien sind entstanden (vgl. ebd., S. 1 f.). Dabei existiert zahlreiche Literatur zum Kundenbindungsmanagement, jedoch kaum aktuelle Forschung. Weiterhin fehlen Ansätze, die aktuelle Kommunikationsmittel berücksichtigen. Darüber hinaus sind auch Communities im Zusammenhang der Kundenbindung noch kaum erforscht. Dazu kommt, dass im Marketing viele verschiedene Instrumente existieren, es jedoch keine einheitliche Abstufung gibt, welche und wofür am besten geeignet sind. Im Rahmen dieser Bachelorarbeit soll daher auf die aktuellen Kundenbedürfnisse aus der Anbieterperspektive eingegangen werden, vor allem in Zeiten der Digitalisierung. Dabei stellen sich folgende zentralen Fragen: Welche Erfolgsfaktoren beeinflussen die Kundenbindung? Welche Kommunikationsinstrumente sind für die Kundenbindung am besten geeignet? Und wie groß ist dabei der Nutzen von virtuellen Communities? Die vorliegende Arbeit verwendet zur Beantwortung dieser Fragen die Methodik des Scoring-Modells. Das Ziel ist es, ein aktuelles und universelles Scoring-Modell zum Ranking von Online-Kommunikationsinstrumenten zu entwickeln.

Die Arbeit gliedert sich dabei in vier Teile. Der erste Teil widmet sich der terminologischen Klärung und Abgrenzung. Anschließend werden Determinanten der Kundenbindung untersucht, die Beziehung zwischen Kundenzufriedenheit und Kundenbindung betrachtet, sowie ein Überblick an Kommunikationsinstrumenten vorgestellt. Im Fokus des vierten Kapitels stehen anschließend virtuelle Communities. Diese werden auf ihren Kundenbindungscharakter überprüft.

Darauf aufbauend sollen im fünften Kapitel vier Kommunikationsinstrumente mithilfe des Scoring-Modells in Hinblick auf die Kundenbindung analysiert und verglichen werden. Abschließend werden die Ergebnisse ausgewertet und kritisch gewürdigt.

## 2 Grundlagen des Kundenbindungsmanagements

Das folgende Kapitel befasst sich mit den Definitionen und Abgrenzungen des Kundenbindungsmanagements (KBM). Dabei soll eine einheitliche und allgemein verständliche Definition für den weiteren Verlauf der Arbeit gefunden werden. Auf Grundlage dieser werden die Kundenbeziehungen aus Sicht der Anbieter näher beleuchtet. Dabei liegt der Fokus auf der Entstehung, dem Verlauf, der Bedeutung und den Determinanten einer Kundenbeziehung.

### 2.1 Definition und Abgrenzung der Begrifflichkeiten

In der deutschsprachigen Literatur kursieren verschiedene Definitionen und Abgrenzungen im Bereich der Kundenbindung. Dabei herrscht keine einheitliche Charakterisierung der relevanten Begriffe. Im deutschsprachigen Raum beschäftigen sich vor allem Homburg und Bruhn (2013, S. 8) mit diesem Thema. Sie erklären, dass Begriffe wie Kundenzufriedenheit, Kundenbindung, Kundenbindungsmanagement, Beziehungsmanagement (Relationship Management) oder Beziehungsmarketing (Relationship Marketing) in der Literatur häufig als Synonyme oder teilweise sogar falsch verwendet werden. Daher scheint es sinnvoll, diese Begriffe zum einfacheren Verständnis zunächst einmal aufzugliedern und zu erläutern. Die folgende Abbildung trägt dabei zu einer besseren Anschaulichkeit bei (vgl. Abbildung 1).

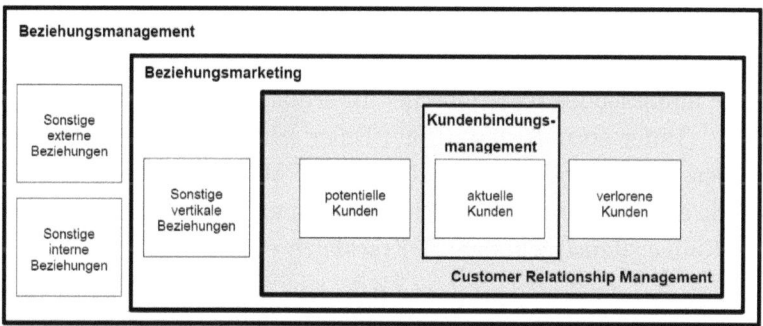

Abbildung 1: Abgrenzung des Customer Relationship Managements (Hippner 2007, S. 20)

Dabei werden die Begriffe und ihre Einflussbereiche abgegrenzt. Es fällt auf, dass das Beziehungsmanagement das gesamte Umfeld eines Unternehmens inkludiert (vgl. Diller 2001, S. 162), sowohl extern als auch intern. Der Fokus liegt dahingegen beim Beziehungsmarketing laut Bruhn (2015, S. 12) auf der „Steuerung von Kundenbeziehungen". Er definiert Beziehungsmarketing bzw. Relationship Marketing als „sämtliche Maßnahmen der Analyse, Planung, Durchführung und Kontrolle, die der Initiierung, Stabilisierung, Intensivierung und Wiederaufnahme sowie gegebenenfalls der Beendigung von Geschäftsbeziehungen zu den Anspruchsgruppen – insbesondere zu den Kunden des Unternehmens mit dem Ziel des gegenseitigen Nutzens" dienen. Dabei stützt er sich auf acht ausgewählte Autoren der internationalen Forschung. Der folgenden Arbeit liegt diese Definition zugrunde, da sie alle relevanten Merkmale und Ebenen des Relationship Marketing einbezieht. So werden Anspruchsgruppen, das Management, der Zeitraum und der Nutzen unter Bruhn berücksichtigt.

Vom Relationship Marketing wird das Customer Relationship Management (CRM) abgeleitet, welches als „Methode des Beziehungsmarketing[s]" (Diller 2001, S. 249) oder „als strategischer Ansatz zum Management von Kundenbeziehungen" (Bruhn 2015, S. 14) verstanden wird. Der Begriff des CRM wird vorwiegend als technologiegestütztes Management-Tool angesehen, welches nur als Hilfsmittel im Beziehungsmarketing agiert (vgl. Homburg/Bruhn 2013, S. 7; vgl. Bruhn 2015, S. 14). Diller (2001) bezeichnet CRM andererseits als „die aktive und systematische Analyse, Planung, Gestaltung und Kontrolle der Kundenbeziehung im Rahmen des ganzheitlichen Beziehungsmanagements und auf der Basis eines umfassenden elektronischen Informations- und Entscheidungssystems" (Diller 2001, S. 249). Unter Diller erhält das CRM eine wesentlich größere Bedeutung. Im Folgenden wird CRM jedoch nicht weiter betrachtet, da dazu bereits umfangreiche Literatur existiert (vgl. Schneider 2008; vgl. Kumar/Reinartz 2006; vgl. Kracklauer et al. 2004).

Den Hauptschwerpunkt dieser Arbeit stellt das KBM dar. Daher wird der Begriff im Folgenden näher beleuchtet.

KBM wird als „die systematische Analyse, Planung, Durchführung sowie Kontrolle sämtlicher auf den aktuellen Kundenstamm gerichteten Maßnahmen [verstanden,] mit dem Ziel, dass diese Kunden auch in Zukunft die Geschäftsbeziehung aufrechterhalten oder intensiver pflegen" (Homburg/Bruhn 2013, S. 8). Das KBM ähnelt dabei den vorher betrachteten Begrifflichkeiten, fokussiert jedoch hauptsächlich den Kundenstamm. Das Augenmerk liegt daher ausschließlich bei den aktuellen Kunden (vgl. Abbildung 1). Dabei ist der Anbieter der ausschlaggebende Akteur, der die Managementrolle ausführt, um die Kundenbindung zu erhöhen bzw. konstant zu halten (vgl. Homburg/Bruhn 2013, S. 8).

Um das KBM in der Arbeit genauer zu erforschen, ist es unumgänglich den Begriff der Kundenbindung genauer zu analysieren. Bei intensiverer Auseinandersetzung mit der Kundenbindung (KB) fällt auf, dass sich Dillers Definition in der deutschen Literatur durchgesetzt hat (vgl. Lehnert 2014, S. 17; vgl. Homburg/Bruhn 2013, S. 8; vgl. Peter 1999, S. 7). Daher wird auch der folgende Absatz auf Diller (2001, S. 847) aufgebaut. Er beschreibt die KB „als zentrales Marketingziel im Beziehungsmarketing". Darüber hinaus interpretiert er diese als „Ausdruck einer mehr oder weniger eingeschränkten Austauschbarkeit potentieller Lieferanten aus der Perspektive des Kunden". Die KB kann sich dabei auf ein Produkt, eine Dienstleistung, einen bestimmten Akteur, oder aber auf das ganze Unternehmen beziehen.

Ziel der KB ist dabei die „Stabilisierung und Sicherung der Geschäftsbeziehung" (Krüger 1997, S. 18). Nach Diller führt Kundenbindung demnach zu einem Wiederkaufverhalten (vgl. Diller 2001, S. 847). Homburg und Bruhn haben die Definition von Diller (2001) erweitert und interpretieren folgendermaßen: KB „umfasst sämtliche Maßnahmen eines Unternehmens, die darauf abzielen, sowohl die Verhaltensabsichten als auch das tatsächliche Verhalten eines Kunden gegenüber einem Anbieter oder dessen Leistungen positiv zu gestalten, um die Beziehung zu diesem Kunden für die Zukunft positiv zu stabilisieren bzw. auszuweiten" (Homburg/Bruhn 2013, S. 8).

Im Gegensatz zur Kundentreue oder Kundenloyalität, welche in diesem Kontext als Synonyme angesehen werden können (vgl. Peter 1999, S. 9; vgl. Krüger 1997, S. 21), ist die KB also eine wechselseitige Beziehung, die sowohl Anbieter als auch Nachfrager einschließt (vgl. Lehnert 2014, S. 31; vgl. Homburg/Bruhn 2013, S. 8). Ebenso nach Diller (2001, S. 6 ff.) umfasst die KB die Bestandteile: Anbieter, Kunden und Geschäftsbeziehungen. Die Kundenloyalität kann dabei als ein Zustand oder als eine Einstellung von Kunden gegenüber Anbietern angesehen werden. Vergleichsweise kann die Kundenbindung sowohl als Zustand, als auch ein Prozess betrachtet werden (vgl. Peter 1999, S. 10). In Hinblick auf die Aktualität und der Einbeziehung von Anbieter- und Nachfragerperspektive wird die Definition der Kundenbindung von Homburg und Bruhn in den folgenden Kapiteln zugrunde gelegt.

Um KB zu erreichen, ist die Kundenzufriedenheit von elementarer Bedeutung. Dazu ist der Begriff Kundenzufriedenheit (KZ) zunächst von der Kundenorientierung zu unterscheiden. Nach Huber et al. (2009, S. 38) besteht Kundenorientierung, wenn Kundenerwartungen ganzheitlich beachtet werden. Die KZ hingegen zeigt an, wie sehr die Kundenerwartungen erfüllt werden. Eine erfolgreiche Kundenorientierung ist daher elementar für eine hohe Kundenzufriedenheit. Somit ist die Kundenorientierung ein essentieller Erfolgsfaktor für die KB.

In den folgenden Kapiteln wird die Kausalität der einzelnen Faktoren weiter erörtert und diskutiert.

## 2.2 Kundenbeziehungen

Im Fokus dieses Kapitels stehen Kundenbeziehungen aus der Perspektive des Anbieters. Dafür werden Entstehung, Verlauf, Bedeutung und Determinanten von KB analysiert.

### 2.2.1 Entstehung

In der Literatur existieren zahlreiche verhaltenswissenschaftliche Ansätze und Theorien zur Entstehung der KZ (vgl. Schneider/Kornmeier 2006, S. 19). Durchgesetzt haben sich dabei vor allem drei Theorien: die Attributionstheorie, die Equitytheorie und das Confirmation-Disconfirmation-

Paradigma (CD-Paradigma) [vgl. Krafft 2007, S. 21]. Im Rahmen dieser Arbeit wird das CD-Paradigma näher beleuchtet, da sich dieses Modell in der Literatur aufgrund seiner guten Verständlichkeit sowie Messbarkeit (vgl. Grohmann et al. 2013, S. 87) bereits deutlich etabliert hat (vgl. Homburg et al. 2013, S. 104; vgl. Feistel 2008, S. 38; vgl. Krafft 2007, S. 21; vgl. Kaiser 2006, S. 41; vgl. Schneider/Kornmeier 2006, S. 20; vgl. Krüger 2000, S. 61). Andere Theorien werden im Folgenden vollständig vernachlässigt.

Das CD-Paradigma begründet die Zufriedenheit der Kunden damit, dass die Kundenerwartungen mit den Kundenwahrnehmungen übereinstimmen (vgl. Diller 2001, S. 230). KZ entsteht also nach dem CD-Paradigma als Ergebnis eines „komplexen Informationsverarbeitungsprozess[es], bei dem der Kunde einen Soll-/Ist-Vergleich der erbrachten Leistung durchführt" (Lehr 2006, S. 69). Dabei sind für das Verständnis des CD-Paradigma-Ansatzes vor allem folgende drei Faktoren elementar: die Soll-Komponente (Erwartung bzw. Vergleichswert), die Ist-Komponente (die wahrgenommene Leistung) und die Erwartungskonfirmation bzw. -diskonfirmation (vgl. Kaiser 2006, S. 42). Nachdem Konsum eines Produktes oder Wahrnehmung einer Leistung vergleicht der Kunde die erbrachte Leistung mit seinen Erwartungen (vgl. ebd.). Diese werden dann entweder bestätigt oder nicht (vgl. Krüger 2000, S. 58). Wenn dabei die Ist-Komponente die Soll-Komponente übertrifft, dann wird von positiver Diskonfirmation gesprochen. Diese führt zur Zufriedenheit des Kunden. Im Gegensatz dazu führt das Verfehlen der Erwartungen des Kunden zur negativen Diskonfirmation, welche sich in Kundenunzufriedenheit widerspiegelt (vgl. Abbildung 2). Diskutiert wird dabei, ob ein Kunde bei exakter Übereinstimmung von Leistung und Erwartung zufrieden ist oder dem Produkt gegenüber indifferent reagiert (vgl. Kaiser 2006, S. 42 f.).

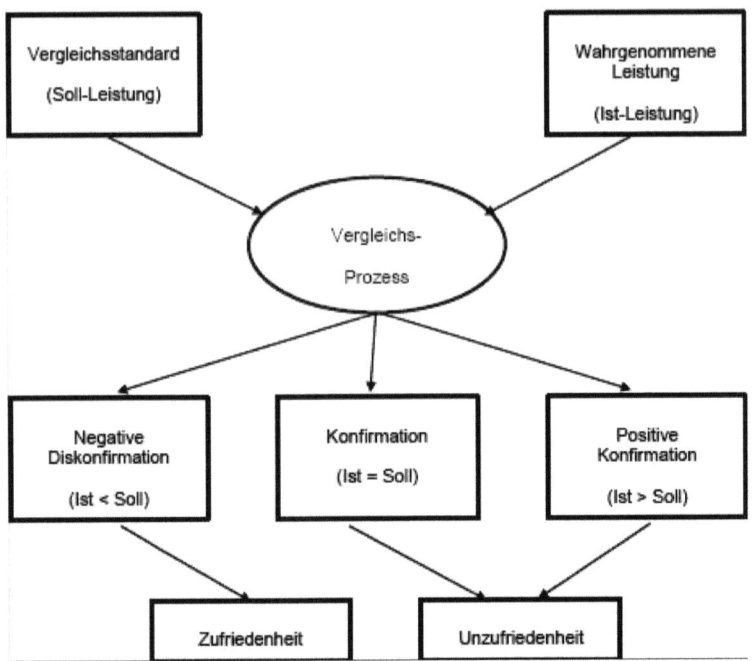

Abbildung 2: Confirmation-Disconfirmation-Paradigma (Bruhn/Homburg 2013, S.105)

Das CD-Paradigma wird als Modellrahmen weitgehend akzeptiert, jedoch herrscht in der Literatur noch große Uneinigkeit bezüglich der einzelnen Faktoren und Kausalitäten des Ansatzes (vgl. Kaiser 2006, S. 43). Die Ist-Leistung wird beispielsweise vom Kunden in mehreren Dimensionen wahrgenommen, welche sich durch verschiedene Phasen beim Kauf erstreckt (vgl. Schneider 2008, S. 38).

Dies bedeutet, dass die Qualität einer Leistung von vielen verschiedenen Einflüssen in verschiedenen Zeitabläufen abhängt und somit entscheidend für die Entstehung von KZ ist. Ebenso elementar ist die Kundenerwartung, welche kritisch zu beleuchten ist. Kundenerwartungen verändern sich ständig und stellen somit eine dynamische Variable dar (vgl. Schneider 2008, S. 39; vgl. Schneider/Kronmeier 2006, S. 21).

Bei näherer Betrachtung des CD-Paradigmas fällt weiterhin auf, dass dieser psychologische Vergleich rein kognitiv bewertet wird (vgl. Feistel 2008, S. 42; vgl. Krafft 2007, S. 21; vgl. Lehr 2006, S. 69; vgl.

Schneider/Kornmeier 2006, S. 20). Aktuellere Forschungen zeigen auf, dass auch affektive Faktoren beleuchtet werden müssen, da diese ebenfalls die KZ beeinflussen (vgl. Bruhn 2015, S. 87; vgl. Lehnert 2014, S. 159; vgl. Feistel 2008, S. 42; vgl. Lehr 2006, S. 69). Dabei ist jedoch noch unzureichend geklärt, welche Bedeutungen und Zusammenhänge zwischen den kognitiven und affektiven Faktoren bestehen (vgl. Feistel 2008, S. 43). Diese Thematik sollte in zukünftiger Forschung weiter untersucht werden. Ebenso zu betrachten ist der Zustand der Konfirmation, bei dem der Ist-Wert dem Soll-Wert entspricht. Hier sollte explizit geklärt werden, wann von Kundenzufriedenheit gesprochen werden kann.

### 2.2.2 Verlauf

Der Verlauf einer Kundenbindung kann mittels des „Kundenbeziehungszyklus" (engl. Customer life cycle) näher erläutert werden (vgl. Schneider/Kornmeier 2006, S. 17). Dabei wird die Beziehung zum Kunden in verschiedene Phasen eingeteilt, um die Verteilung des Kundenstamms festzustellen und gegebenenfalls Maßnahmen abzuleiten, um die Kundenbeziehungen ggf. zu beeinflussen (vgl. Bruhn 2009, S. 59 f.; vgl. Peter 1999, S. 266; vgl. Bergmann 1998, S. 62). Der Kundenbeziehungszyklus (KBZ) wird als ganzheitliche Perspektive betrachtet, welche sich auf das Leben von Organismen stützt (vgl. Schneider 2008, S. 5; vgl. Schneider/Kornmeier 2006, S. 17). Diese können auch nur über eine bestimmte Laufzeit und verschiedene Phasen betrachtet werden. Kundenphasen laufen jedoch unterschiedlich und nicht immer nach dem idealtypischen Modell ab, ähnlich dem Produktlebenszyklus (vgl. Peter 1999, S. 266).

Aus diesem Grund kann der Lebenszyklus nicht als deterministisch angesehen werden (vgl. Peter 1999, S. 266; vgl. Bergmann 1998, S. 62). Beim KBZ wird angenommen, dass Kundenbeziehungen nur eine begrenzte Zeit bestehen. Dies hängt jedoch nur bedingt mit dem Abscheiden der Kunden zusammen (vgl. Schneider/Kornmeier 2006, S. 18). Der Verlauf des Zyklus wird dabei oft in Anlehnung an Stauss (2000, S.16) und Bruhn (2012, S. 10) dargestellt (vgl. Bruhn 2015, S. 66). Der KBZ verläuft dabei S-förmig. Die folgende Abbildung 3 zeigt dies deutlich.

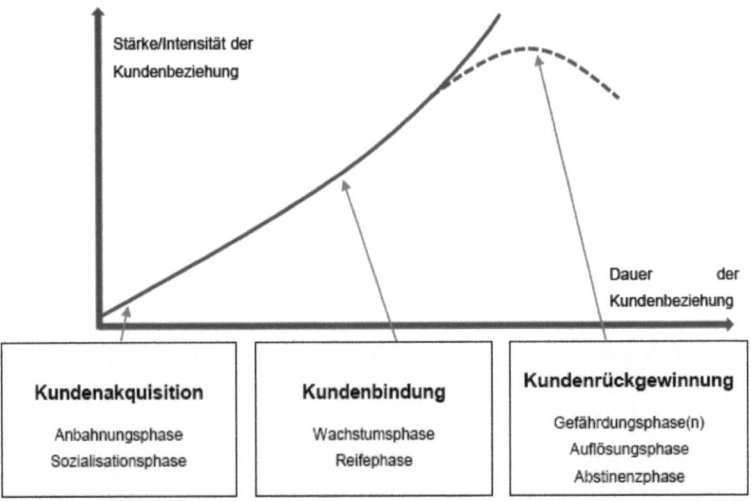

Abbildung 3: Kundenbeziehungszyklus (Bruhn 2012, S. 10)

Dabei erreicht der Graph bei der Kundenbindung einen Maximalpunkt und nimmt bei Abwanderung wieder stark ab (vgl. Bruhn 2015, S. 66; vgl. Schneider/Kornmeier 2006, S. 18).

Bei näherer Betrachtung fällt auf, dass Kunden und Anbieter drei Phasen durchlaufen: die Kundenakquisition, die Kundenbindung und die Kundenrückgewinnung (vgl. Stauss 2000, S. 16). Im Folgenden werden diese ausführlich erläutert:

- In der *Kundenakquisitionsphase* wird zunächst der erste Kontakt zwischen Anbietern und potentiellen Kunden hergestellt (vgl. Schneider/Kornmeier 2006, S. 18). Dabei bemüht sich der Anbieter neue Kunden zu akquirieren (vgl. Schneider 2008, S. 6). In dieser Phase sind vor allem Kunden mit einem großen Kundenwert von besonderem Interesse (vgl. ebd.). Diese gilt es zu identifizieren und individuell mit verschiedenen Marketingmaßnahmen anzusprechen (vgl. Schneider/Kornmeier 2006, S. 18). Ist der Kunde vom Ersteindruck überzeugt, nutzt er das Produkt oder die Leistung zum ersten Mal. Dabei ist die Kundenbindung noch sehr gering (vgl. Bruhn 2009, S. 43).

- In der nächsten Phase, der *Kundenbindung*, steigt die Intensität der Beziehung bei positiver Entwicklung stetig (vgl. ebd.). In diesem Abschnitt gilt es, ‚attraktive' Kunden über einen möglichst langen Zeitraum zu binden bzw. zu stabilisieren und nicht rentable Kundenbeziehungen zu mindern (vgl. Schneider 2008, S. 7).
- Die dritte Phase ist die *Kundenrückgewinnung*. In diesem Abschnitt wird versucht, profitable Kunden zu erfassen und zurückzugewinnen. Im Vordergrund stehen dabei Kunden, die ihre Beziehung abbrechen möchten (Kündigungspräventionsmanagement), bereits abgebrochen haben (Kündigungsmanagement) oder diese ruhen lassen möchten (Revitalisierungsmanagement) [vgl. Schneider 2008, S. 7]. Dies kann beispielsweise durch wiederholte Fehler oder zu hohe Konkurrenz entstehen (vgl. Bruhn 2002, S. 43). In der Kundenrückgewinnungsphase können KZ, KB sowie Kundenwert plötzlich oder konstant nachlassen (vgl. ebd.).

Diese verschiedenen Phasen verändern sich in Abhängigkeit der Intensität der Beziehungen (vgl. Bruhn 2015, S. 60). Aus diesem Grund sind die Bedürfnisse der Kunden maßgeblich entscheidend für den Verlauf des KBZ (vgl. ebd.). Für die spezifischen Kunden an ihren einzelnen Positionen im Zyklus müssen entsprechende Marketing-Instrumente genutzt werden, um Kunden längerfristig an Unternehmen zu binden (vgl. Schneider/Kornmeier 2006, S. 18). Im folgenden Kapitel werden daher Determinanten der Kundenbindung sowie mögliche Kommunikationsinstrumente untersucht.

# 3 Kundenbindung im Kontext des Kundenbeziehungsmanagements

Das dritte Kapitel befasst sich zunächst mit den Determinanten der Kundenbindung sowie der Beziehung zwischen KZ und KB. Darüber hinaus werden mögliche Kommunikationsinstrumente vorgestellt, die für das KBM genutzt werden können.

## 3.1 Determinanten der Kundenbindung

„Kundenbindung [...] ist ähnlich wie Kundenloyalität oder Kundentreue – wesentlich verhaltensnäher und bezieht sich auf das bisherige Verhalten eines Kunden (=Wiederkauf, Weiterempfehlung) sowie auf dessen Verhaltensabsicht (=Absicht, ein Produkt erneut zu kaufen, ein weiteres Produkt zu erwerben bzw. das Produkt weiterzuempfehlen)" [Schneider/Kornmeier 2006, S. 42].

Um die KB genauer zu analysieren und daraus Erfolgsfaktoren abzuleiten, ist es zunächst fundamental, diverse Einflüsse zu ermitteln. Daher beschäftigt sich dieser Abschnitt zunächst mit den Determinanten der Kundenbindung.

Seit den 1980er Jahren wurde viel zu dieser Thematik geforscht (vgl. Grohmann et al. 2013, S. 86). Infolgedessen entstanden jedoch auch kontroverse Diskussionen (vgl. Lehnert 2014, S. 39). In der untersuchten Literatur lassen sich viele verschiedene Determinanten ermitteln. Nach Grohmann et al. (2013, S. 87 ff.) lassen sich die Einflüsse der Kundenbindung grundlegend in (sozial-)psychologische, ökonomische und soziale Faktoren einteilen, wobei im Folgenden nur auf die bedeutendsten Determinanten näher eingegangen wird.

### 3.1.1 Kundenzufriedenheit

In Kapitel 2.1 wurde bereits der Begriff der Kundenzufriedenheit ausreichend erläutert. Um den Prozess der Kundenbindung und dessen Determinanten besser nachzuvollziehen, wird im nächsten Abschnitt die Determinante der Kundenzufriedenheit näher untersucht. Durch Analyse der KZ sollen Rückschlüsse auf weitere Einflussgrößen der Kundenbindung geschlossen werden.

Primär taucht vor allem die KZ häufig als essentiellster Einfluss in der Forschung auf (vgl. Grohmann et al. 2013, S. 86; vgl. Feistel 2008, S. 37; vgl. Lehr 2000, S. 84). Diese Determinante stellt die größte Antezedenz dar (vgl. Schaler et al. 2004, S. 116). Die kausalen Zusammenhänge sind allerdings komplex und noch unzureichend erforscht (vgl. Grohmann et al. 2013, S. 86). Es konnte jedoch bestätigt werden, dass die KZ einen signifikanten Einfluss auf die Wirtschaftlichkeit eines Unternehmens hat. Nach empirischer Prüfung hat sie einen positiven Effekt auf Rentabilität, Umsatzwachstum und damit auch auf die Marktkapitalisierung (vgl. Feistel 2008, S. 37).

Der folgende Absatz stützt sich auf Lehr (2006, S. 82). Sie untersuchte mehrere Studien zu Determinanten der KZ. Dabei stellte sie fest, dass die KZ von der erlebten Leistungsqualität und dessen Preis, sowie den Erwartungen des Kunden abhängen. Die Erwartungen werden dadurch maßgeblich von Kundenerfahrungen und von der Konkurrenz geprägt. Da Kundenzufriedenheit und Kundenbindung eng miteinander verknüpft sind, kann davon ausgegangen werden, dass auch die Kundenbindung in hohem Maße von Produkt bzw. Leistung, dem Preis und den Kundenerwartungen abhängen. (vgl. Grohmann et al. 2013, S. 86). Auf den Zusammenhang zwischen Kundenzufriedenheit und Kundenbindung wird in Kapitel 3.2 noch ausführlich eingegangen. Krafft betont jedoch, dass Kundenzufriedenheit alleine nicht genügt, um Kunden dauerhaft zu binden (vgl. Krafft 2007, S. 40). Aus diesem Grund wird im nächsten Abschnitt die Determinante ‚Commitment' betrachtet.

### 3.1.2 Commitment

Der Begriff ‚Commitment' lässt sich nur bedingt ins Deutsche übersetzen und hat sich mittlerweile im Marketing und Human Ressource als fester Bestandteil des Sprachgebrauches integriert (vgl. Stahl 2009, S. 90). Daher wird er an dieser Stelle nicht übersetzt.

Commitment wird als „ein inneres Gefühl der Verpflichtung beschrieben, welches von einer Person in Bezug auf ein bestimmtes Objekt empfunden wird" (Schaller et al. 2004, S. 117, eigene Übersetzung).

Stahl (2009, S. 90) bezeichnet ‚Commitment' als den belastbaren, inneren Kern der Kundenloyalität. Zahlreiche Forscher setzen diesen Begriff gleich mit der Kundenloyalität, jedoch wurde noch kein Konsens zum Zusammenhang der beiden Konstrukte gefunden (vgl. Feistel 2008, S. 17).

Einigkeit besteht darüber, dass Commitment immer auf den Anbieter bzw. die Beziehung zum Anbieter zurückzuführen ist, und nicht auf die einzelnen Produkte oder Dienstleistungen (vgl. Bruhn 2015, S. 90). Die Kundenbindung entsteht dabei aus dem geleisteten Input des Kunden in die Anbieter-Nachfrager-Beziehung und aus dem Output, also den jeweiligen Resultaten der Beziehung (vgl. Diller 2001, S. 848).

Commitment stellt also ebenfalls eine elementare Determinante der KB dar, da es nachhaltig die Kundenloyalität beeinflusst (vgl. Schaller et al. 2004, S. 117). Einige aktuelle Studien haben gezeigt, dass eine Korrelation zwischen dem Commitment des Kunden und der Absicht des Wiederkaufs und/oder dem Loyalitätsgefühl zum Anbieter herrscht (vgl. Bügel et al. 2010, S. 8). Daraus kann geschlossen werden, dass Commitment einen wesentlichen positiven Einfluss auf die Kundenbindung ausübt (vgl. Bruhn 2015, S. 90). Infolgedessen ist der Kunde weniger anfällig für Marketing-Maßnahmen der Konkurrenz und daher eher bereit, seinem Anbieter gegenüber loyal zu bleiben (vgl. Kasper 1995, S. 326). Commitment hindert also den Kunden daran, den Anbieter zu wechseln (vgl. ebd.). Daher fungiert Commitment als eine wichtige Wechselbarriere (vgl. Bruhn 2015, S. 90). Aus diesem Grund ist es von besonderem Interesse zu analysieren, wie Commitment erzeugt werden kann, um wiederum eine hohe Kundenbindung zu erreichen. Daher wird an dieser Stelle auf die Entstehung des Commitment näher eingegangen.

Hurr und Kang (2012, S. 1540) befassten sich mit den verschiedenen Effekten der Interaktion von Commitment-Komponenten. Sie ermittelten drei verschiedene Kundenmotive, welche Commitment für ein Unternehmen erzeugen: die Kunden selbst wollen es; sie denken, sie sollten es; und/oder sie denken, sie müssten es. Dabei ist es besonders wichtig, dass diese drei Gründe nicht als einzelne Konstrukte betrachtet werden. Vielmehr stellen sie Teilkomponenten dar, welche auch in unterschiedlichen Intensitäten bestehen können (vgl. Feistel 2008, S. 18).

Anbieter sollten sich daher nicht nur auf die Optimierung einer einzelnen Komponente konzentrieren, sondern alle Komponenten in Ihr Management einbeziehen, um ein gesteigertes Commitment und somit auch eine höhere Kundenloyalität zu erreichen (vgl. Hurr/Kang 2012, S. 1540). Es ist anzumerken, dass die Studie von Hurr und Kang in Südkorea mit einer Grundgesamtheit von 427 Studenten und Mitarbeitern in der Produktion und im Einzelhandel erhoben wurde (vgl. ebd., S. 1537). Somit ist diese Studie nicht pauschal auf europäische Gegebenheiten anzuwenden. Jedoch kamen auch Feistel (2008, S. 18) und zahlreiche weitere Forscher zu diesem Entschluss und daher ist anzunehmen, dass dieses Ergebnis generalisiert werden kann. Ferner kamen Bügel et al. (2010, S. 23) ebenfalls zu dem Ergebnis, dass es von elementarer Bedeutung sei, die Kundenzufriedenheit zu erhöhen und in Kundenbeziehungen zu investieren, um eine hohes Commitment und somit auch Kundenloyalität zu initiieren.

Dieser Absatz stützt sich auf Schaller et al. (2004, S. 120 f.). Sie stellen heraus, dass Individualisierung eine geeignete Maßnahme für mehr Commitment von Kunden darstellt. Dadurch kann der Enthusiasmus von Kunden und die Loyalität erheblich gesteigert werden. Bieten die Unternehmen den Kunden also individualisierte Vorteile oder einzigartige Privilegien an, so sind diese selbst gewillt dem Anbieter gegenüber loyal und ‚commited' zu sein. Commitment verursacht allerdings auch Verletzlichkeit, daher ist es nicht überraschend, dass sich Kunden nur auf vertrauenswürdige Anbieter einlassen (vgl. Morgan/Hunt 1994, S. 23). Aus diesem Grund wird im folgenden Kapitel die Determinante Vertrauen genauer untersucht.

### 3.1.3 Vertrauen

Berry (1995, S. 242, eigene Übersetzung) bezeichnet Vertrauen als das „wahrscheinlich einflussreichste, eigenständigste Marketing-Tool, dass Unternehmen zur Verfügung steht". Nach Schaller et al. (2004, S. 116) ist Vertrauen, nach KZ, der zweitwichtigste Einflussfaktor für die Kundenloyalität. Da „neben der KZ auch die Kundenloyalität ausschlaggebend für einen Unternehmenserfolg ist" (vgl. Homburg et al. 2013, S. 296, eigene Übersetzung), wird die Determinante des Vertrauens nun genauer analysiert. Vertrauen besteht dann, wenn „eine Partei die Zuversicht besitzt, dass ein Geschäftspartner verlässlich und integer ist" (Morgan/Hunt 1994, S. 23, eigene Übersetzung). Die Determinante des Vertrauens ist dabei als dynamisch anzusehen, da sie durch den Vertrauensvorschuss eines Partners beginnt und so wiederum Commitment beim anderen Partner erzeugt. Daher wird auch von einer ‚Vertrauensspirale' gesprochen (vgl. Diller 2001, S. 1803).

Um Vertrauen zu einem Unternehmen aufzubauen, ist zunächst eine Neigung zum Vertrauen als Basis und eine bestimmte Erwartung (durch Reputation oder Erfahrung) notwendig (vgl. Feistel 2008, S. 86). „Ist das Vertrauen erst einmal erzeugt, so reduziert es dabei die unkontrollierbare Komplexität und das Risiko opportunistischen Verhaltens von Kunden in einer Beziehung" (vgl. Schaller et al. 2004, S. 116, eigene Übersetzung). Diller (2001, S. 851) betont, dass die Intensität der einzelnen Motivationen bzw. Determinanten von persönlichen Dispositionen der Kunden sowie von produktspezifischen und situationsbezogenen Faktoren beeinflusst wird. Jedoch ist in manchen Märkten auch ein bestimmtes (monopolistisches) Angebot gegeben, sodass der Kunde teilweise auch unfreiwillig an einen Anbieter gebunden sein kann (vgl. ebd.). Dies kann z.B. beim Telekommunikationsmarkt festgestellt werden. In dem Fall, dass der Kunde keine Alternativen besitzt oder wahrnimmt, wird auch von einer hohen Gebundenheit, Fesselung oder latenter Fesselung gesprochen (vgl. Feistel 2008, S. 28 f.). Die sogenannte Gebundenheit des Kunden kann sich jedoch schnell wieder lösen, so z.B. beim Telekommunikationsmarkt in Deutschland (vgl. ebd., S. 23). Um Kunden langfristig zu binden, ist es daher sinnvoll Value Added Services anzubieten, da sie sich positiv auf die Determinanten auswirken (vgl. Neumann/Schnöring 2010, S. 164).

## 3.1.4 Sonstige

Peter (1999) untersuchte ebenfalls verschiedene Einflüsse, die sie in mehreren Studien empirisch prüfte. Dabei ermittelte sie im Konsumgüterbereich vier zentrale Größen, welche auch häufig in der deutschsprachigen Literatur zu finden sind (vgl. Grohmann et al. 2014, S. 87); vgl. Krafft 2007, S. 36 f.; vgl. Lehr 2000, S. 84). Kundenzufriedenheit, Wechselbarrieren (ökonomischer, psychischer und sozialer Art), Variety Seeking und die Attraktivität von Konkurrenzangeboten.

Wechselbarrieren stellen in diesem Zusammenhang die Hürden des Anbieterwechsels dar. Der Begriff ‚Variety Seeking' hingegen, bezeichnet nach Peter „das Streben eines Individuums nach Abwechslung" (Peter 1999, S. 99).

Schneider und Kornmeier (2006, S. 41 f.) betonen ebenfalls, dass zufriedene Kunden häufig nach einer bestimmten Zeit ihren Anbieter wechseln „aufgrund von Langeweile bzw. Neugier". Der beschriebene Anbieterwechsel geschieht vor allem bei Produkten, welche für Kunden ein geringes Kaufrisiko darstellen oder bei denen geschmackliche Auswahlkriterien im Vordergrund stehen. Daher ist es essentiell, nicht nur auf die KZ zu achten, sondern auch Wechselbarrieren zu erschaffen und für Abwechslung der Produkte zu sorgen. Anbieter sollten daher ihre Kunden technisch, sozial, juristisch oder psychisch an ihr Unternehmen binden, um Variety Seeking zu unterdrücken. Das Unternehmen ‚Apple' ist hier als Beispiel zu nennen. Der Kunde wird durch eine vielfältige Auswahl an Technologien, die nur mittels anderer technischer Geräte und Software von Apple funktioniert, an einem Anbieterwechsel gehindert und somit an das Unternehmen gebunden. Bei Dienstleitungen andererseits, besteht grundsätzlich eine größere Kundenloyalität als bei materiellen Produkte. Dies liegt nach Meinung der Autoren an einer größeren Fehlkaufrate.

Das Phänomen des ‚Variety Seeking' ist eng verbunden mit der Attraktivität von Konkurrenzangeboten. Bei näherer Betrachtung der Determinante Konkurrenz fällt auf, dass je intensiver ein Wettbewerb auf einem Markt herrscht, desto schwächer ist die Korrelation zwischen Kundenzufriedenheit und Kundenloyalität (Schaller et al. 2004, S. 117). Das ergibt sich, dass bei einer hohen Wettbewerbsintensität, Kunden langfristig gesehen kaum loyal bleiben, da auch hier das Variety Seeking einen erheblichen Einfluss haben kann. Daher kann aufgrund eines hohen Angebots und trotz einer hohen KZ, die Kundenbindungsrate dennoch abnehmen. Ein Beispiel dafür bietet die Automobilbranche (vgl. Kumar/Reinartz 2006, S. 159 f.). Werden andererseits monopolistische bzw. oligopolistische Märkte untersucht, wird deutlich, dass der Kunde teilweise auch unfreiwillig an einen Anbieter gebunden sein kann (vgl. Diller 2001, S. 851). Dies kann beispielsweise im Nahverkehrssektor (vgl. Huber et al. 2009, S. 76) oder im Telekommunikationsmarkt in Deutschland festgestellt werden (vgl. Kumar/Reinartz 2006, S. 160). So bildet das beschränkte Konkurrenzangebot eine Wechselbarriere für Kunden. Wechselbarrieren üben also aus Sicht der Unternehmen einen positiven Effekt auf die Kundenbindung aus (vgl. Schaller et al. 2004, S. 117).

Zusammenfassend ist zu sagen, dass KZ, Commitment, Vertrauen und Wechselbarrieren als größten Determinanten identifiziert wurden. Jedoch sind auch das Variety Seeking und die Attraktivität von Konkurrenzangeboten als Einflussfaktoren nicht zu vernachlässigen. Morgan und Hunt (1994, S. 22) betonen dabei, dass Commitment und Vertrauen zu den zentralen Faktoren eines erfolgreichen Beziehungsmarketings gehören. Sie beschreiben, dass das Zusammenspiel beider Determinanten die Leistungsfähigkeit, die Produktivität sowie die Effektivität fördern. Somit führen beide Konstrukte zu äußerst kooperativem Verhalten der Nachfrager und beeinflussen dadurch den Erfolg des Beziehungsmarketings in erheblichem Maße positiv (vgl. ebd.). Nach Bruhn und Homburg (2013, S. 13) ist die KB „umso höher, je größer die Zufriedenheit und je kleiner die Attraktivität der anderen Optionen ist". Die Kundenbindung trägt daher dazu bei, die Anzahl der Folgekäufe systematisch zu erhöhen (vgl. Tomczak et al. 2009, S. 126). Kunden sollten dabei, trotz einer gewissen Abhängigkeit zum Unternehmen, mit der Qualität und der Leistungen zufrieden sein. Grundsätzlich gilt es daher, einen ausgewogenen Kundenbindungs-Mix zu schaffen (vgl. ebd.). Kritisch anzumerken ist hierbei, dass die betrachtete Literatur größtenteils in den 1990er Jahren veröffentlicht wurde und daher nicht mehr als aktuell angesehen werden kann. Wünschenswert wären daher aktuellere Studien, um die Determinanten der Kundenbindung in Zeiten des technologischen Wandels zu ermitteln.

Darüber hinaus existieren nach Krafft (2007, S. 40) aktuell kaum Ansätze, welche Marketing-Instrumente als Determinanten der Kundenbindung berücksichtigen. Durch den Einsatz von Marketing-Strategien könnten Wechselbarrieren erhöht und somit die Kundenbindung ebenfalls gesteigert werden (vgl. Krafft 2007, S. 40). Daher ist zu empfehlen, dies in zukünftiger Forschung genauer zu untersuchen (vgl. ebd., S. 40 f.). Des Weiteren wurden viele verschiedene Theorien und Ansätze untersucht, diese sind jedoch kaum verallgemeinerbar bzw. einheitlich. Für die weitere Untersuchung wird zunächst der Zusammenhang zwischen KZ und KB näher betrachtet.

### 3.2 Beziehung zwischen Kundenzufriedenheit und Kundenbindung

Es ist unumstritten, dass ein deutlicher Zusammenhang zwischen KZ und KB existiert (vgl. Huber et al. 2009, S. 76). Dabei besteht zwischen den Variablen KB und KZ ein asymptotischer Verlauf und kein linearer (vgl. Kumar/Reinartz 2006, S. 159), wie evtl. anzunehmen ist. Das liegt daran, dass Unzufriedenheit einen vergleichsweise höheren Einfluss hat, als Zufriedenheit (vgl. ebd.). Des Weiteren bestehen oftmals diverse Gründe für einen Anbieterwechsel, so z.B. die Attraktivität von Konkurrenzangeboten (vgl. Kapitel 3.1.4). Dazu kommen laut Huber et al. (2009, S. 76) auch zahlreiche persönliche Veränderungen im Laufe eines Lebens, die die Kundenloyalität bzw. KB in hohem Maße negativ beeinflussen können. Aus diesem Grund bedeutet eine hohe KZ nicht zwingend auch eine hohe KB, da Kunden auch bei alternativen Anbietern vergleichbare Produkte oder Dienstleistungen beziehen können (vgl. Kumar/Reinartz 2006, S. 159). Ist der Kunde jedoch unzufrieden, so wird er sich direkt nach Alternativen umschauen (vgl. ebd.). Im Folgenden wird der Zusammenhang zwischen Zufriedenheit und Bindung (Huber et al. 2009, S. 78) dargestellt:

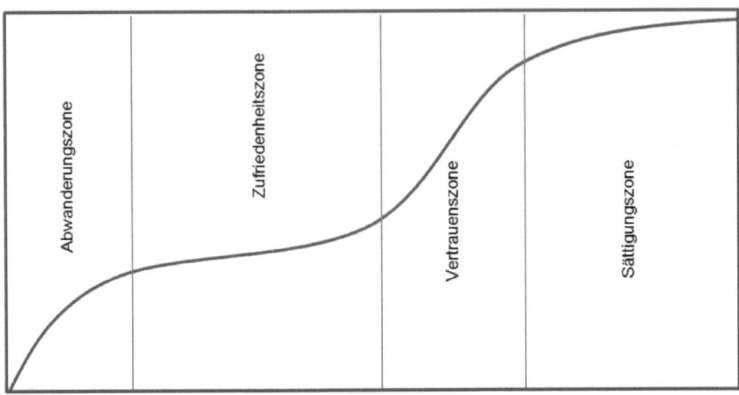

Abbildung 4: Zusammenhang zwischen Kundenzufriedenheit und Kundenbindung (Huber et al. 2009, S. 78)

In der Abbildung 4 werden die verschiedenen Zonen der KB deutlich. Laut Huber et al. (2009, S. 77) befindet sich der Großteil der Nachfrager in der Zufriedenheitszone. Ab einem bestimmten Punkt der Zufriedenheit stellt sich Vertrauen und schließlich ein Sättigungsprozess ein, bei dem die KB nicht mehr ansteigt, sondern konstant bleibt (ähnlich wie beim KBZ, vgl. Kapitel 2.2.2). Dieser Zustand ist für Unternehmen besonders gefährlich, denn dann können Anbieter die Intensität der Kundenbindung nicht mehr durch Marketing-Aktivitäten o.Ä. beeinflussen. Dies ist auch der Grund für Misserfolg bei Kundenzufriedenheitsprogrammen, welche wiederum Unternehmen an der Wirkung von KZ auf die Bindung zweifeln lässt. Daher werden Anstrengungen zurückgestellt und Kunden wandern als Konsequenz dessen vom Anbieter ab (vgl. Huber et al. 2009, S. 77).

Im Gegensatz dazu stellen Kumar und Reinartz (2006, S.159 f.) einen tendenziell steigenden Verlauf des Zusammenhangs zwischen den beiden Variablen dar und suggerieren damit, dass sich im Hinblick auf die KB keine Sättigung einstellt. Andererseits betonen die Autoren auch, dass der Verlauf einer KB sehr stark von der jeweiligen Branche und vielen weiteren Faktoren abhängt und daher sehr variieren kann. Dieses Phänomen ist vor allem auf das Konkurrenzangebot zurückzuführen (vgl. Kapitel 3.1.4). Je weniger Auswahl ein Kunde hat, desto eher ist er an einen Anbieter gebunden. Hat ein Kunde jedoch eine große Auswahl an Unternehmen, so wird er eher gewillt sein, im Laufe der Beziehung zu alternativen Anbietern wechseln. Aufgrund der ausführlichen Analyse dieser Determinante in Kapitel 3.1.4 wird der Annahme von Huber et al. (2009, S. 77) gefolgt und ein asymptotischer Verlauf mit einer Sättigungszone angenommen. Somit ist schlussfolgernd zu sagen, dass die untersuchten Determinanten einen bedeutenden Einfluss auf die KB ausüben, vor allem, die KZ bildet dabei einen wesentlichen Faktor. Daraus ist abzuleiten, dass Marketing-Maßnahmen essentiell sind, aber nur bis zum Sättigungsbereich einen Nutzen bringen. Danach ist entscheidend, wie groß und attraktiv die Konkurrenz ist. An diesem Punkt müssen Wechselbarrieren für die Kunden geschaffen werden, um diese dauerhaft zu binden. Darüber hinaus sollten Unternehmen vorher genau analysieren, wie die Gegebenheiten in ihrer Branche oder bei ihrem Produkt sind, welche Gründe dafür maßgeblich sind und wie das Angebot der Konkurrenz aussieht (vgl. Kumar/Reinartz 2006, S. 159 f.).

### 3.3 Kommunikationsinstrumente

Um ein KBM in einem Unternehmen zu implementieren, bedarf es einer ganzheitlichen Anpassung der Unternehmensstrategie (vgl. Lehr 2006, S. 100). Dazu zählt vor allem auch die Festlegung von Kundenbindungsinstrumenten. Die größte Verwendung findet dabei der Marketing-Mix der vier ‚Ps': Produkt- (Product), Preis- (Price), Kommunikation- (Promotion) und Distributionspolitik (Place) [vgl. ebd., S. 101]. In Rahmen dieser Arbeit werden jedoch ausschließlich die Kommunikationsinstrumente (KI) beleuchtet und diskutiert, da postuliert wird, dass sie die Kundenbindung in besonderem Maße beeinflussen. Anschließend werden Erfolgsfaktoren abgeleitet.

Nach Bergmann (1998, S. 95) hängt der Markterfolg des Anbieters zu Beginn einer Kundenbeziehung davon ab, „inwieweit es dem Unternehmen gelingt, die Leistungseigenschaften des Produktes der anvisierten Zielgruppe zu kommunizieren". Die Nutzung von KI ist relevant, um soziale und psychische Wechselbarrieren zu errichten und Unzufriedenheit zu vermeiden bzw. abzubauen (vgl. Peter 1999, S. 248). Das Ziel ist es dabei, einen dauerhaften und konstanten Dialog mit den Kunden zu führen (vgl. Homburg/Bruhn 2013, S. 21). Der Aufbau mehrerer Kommunikationskanäle „zum gegenseitigen Informationsaustausch [...], die für beide Parteien jederzeit zugänglich sind" (Peter 1999, S. 248), bildet die Basis für ein erfolgreiches KBM.

Aufgrund des digitalen Wandels existiert mittlerweile eine Vielzahl an Kommunikationsformen. Um die richtigen Instrumente auszuwählen, ist es entscheidend, Branche, Art und Anzahl der Kunden einzubeziehen (vgl. ebd.). Die einzelnen Instrumente des Marketing-Mix werden abhängig von der jeweiligen Verkaufsphase mit unterschiedlicher Intensität genutzt. Dabei fällt auf, dass die Kommunikationspolitik durch den ganzen Verkaufsprozess von Vorkaufphase bis Nachkaufphase immer bedient werden sollte (vgl. Lehr 2006, S. 105). Im Folgenden wird ein Überblick Kommunikationsinstrumenten dargestellt.

| Wirkungsabsicht | Fokus Individualisierung | Fokus Interaktion | Fokus Wechselbarrieren |
|---|---|---|---|
| Kommunikationsinstrument | • Persönliche Kommunikation<br>• Telefonmarketing<br>• (Online-) Kundenberatung<br>• Directmail-Aktionen<br>• Proaktive Kundenkontakte<br>• Beantwortung von Online-Anfragen | • Direct Marketing zur Bekanntmachung weiterer Leistungen<br>• Klassische Mediawerbung (Zeitschriften, Plakate, etc.)<br>• Event Marketing<br>• Public Relations<br>• Social Media<br>• Kundenforen<br>• Kundenclubs<br>• Virtuelle Communities<br>• E-Mail-Marketing<br>• Beschwerdemanagement<br>• Online-Werbung | • Thematisierung von Lock-In-Effekten und Leistungsqualität<br>• Verstärktes Angebot<br>• Vorankündigungen<br>• Emotionale Wechselbarrieren durch Präferenzbildung<br>• Aufbau kundenspezifischer Kommunikationskanäle |

Tabelle 1: Kommunikationsinstrumente des Kundenbindungsmanagements (vgl. Bruhn 2015, S. 205; vgl. Homburg/Bruhn 2013, S. 23; vgl. Krafft 2007, S. 308 ff.; vgl. Lehr 2006, S. 106; vgl. Jugenheimer, o.J., S. 26)

Die Kommunikationsmittel unterscheiden sich nach Wirkungsabsicht bzw. nach Ziel der Kundenansprache in Individualisierung, Interaktion und Wechselbarrieren. Die oben aufgeführten Instrumente sollen nur als eine Reihe von Beispielen dienen, welche sich in den letzten Jahrzehnten durchgesetzt haben. Die Wirkungsweisen der einzelnen KI können dabei jedoch nicht klar voneinander separiert werden, da alle das Ziel der KB verfolgen und daher übergreifend zusammenspielen (vgl. Lehr 2006, S. 106). Im Folgenden werden die Begriffe der Wirkungsabsichten für ein leichteres Verständnis und einen besseren Überblick weiterhin verwendet.

### 3.3.1 Fokus Individualisierung

Eine möglichst individuelle Kundenansprache ist von elementarer Bedeutung, um die gewünschte Kundennähe zu erreichen (vgl. Peter 1999, S. 248 ff.). Kumar und Reinartz (2006, S. 221) beschreiben ebenfalls, dass Unternehmen vor allem in den individuellen Kundenkontakt investieren sollten, um ‚wertvolle' Kunden langfristig zu binden, so z.B. in Form von Vertriebsmitarbeitern oder durch *Telefonmarketing*. Bei ‚weniger wertvollen' Beziehungen genügen auch geringer kostenintensive Kommunikationskanäle, wie *Online-* oder *E-Mail-Marketing* (vgl. ebd.). Dabei ist darauf zu achten, dass persönlich adressierte E-Mails mittlerweile inflationär verwendet werden und daher nicht mehr zwingend erfolgreich sind (vgl. Peter 1999, S. 250). Eine persönliche Anrede reicht also nicht mehr aus, um Kunden zu beeindrucken. Erst, wenn Kunden sich als Individuum fühlen, z.B. durch individualisierte E-Mails oder Angebote, welche sich von der Konkurrenz abheben, kann dies zu einer gesteigerten Bindung führen (vgl. ebd.).

Die Individualisierung des Kunden ist das erste konkrete kommunikationspolitische Ziel, erst danach entsteht potentielle Kundenzufriedenheit (vgl. Lehr 2006, S. 106).

### 3.3.2 Fokus Interaktion

Ein weiterer wichtiger Aspekt ist die Interaktion mit dem Kunden. Dabei stützt sich der folgende Absatz auf Tomczak et al. (2009, S. 124). Nach Ansicht der Autoren ist der konstante Kontakt zwischen Kauf und Folgekauf des Kunden substanziell. Daher liegt der zweite Fokus in diesem Kapitel auf der Interaktion zwischen Anbietern und Kunden. Das Instrument mit dem meisten Potential beherbergt, wie oben beschrieben, die *persönliche Kommunikation*, denn sie bindet Kunden auf emotionaler Ebene. Jedoch ist dieses kommunikationspolitische Instrument sehr zeitintensiv und teuer. Daher erweist es sich als sinnvoller, moderne Mittel wie *Online-* oder *E-Mail-Marketing* zu betreiben. Diese sind effektiv, effizient (vgl. ebd.) und zeitgemäß, weshalb sie vor allem die jüngeren Zielgruppen ansprechen.

Ebenfalls effizient ist die Nutzung von *Social Media*. Nach Tsai et al. (2015, S. 26) beeinflusst die Teilnahme an sozialen Medien die Profitabilität von Kunden. Darüber hinaus werden Kunden dabei engagiert sich einzubringen, was wiederum zu einer stärkeren KZ führt.

Um jedoch eine Steigerung der KZ zu bewirken, muss nicht nur ein regelmäßiger Informationsaustausch vorliegen, er muss auch vom Anbieter in gewissem Maße institutionalisiert sein (vgl. Peter 1999, S. 249). Geeignete Beispiele für die Interaktion sind beispielsweise Kundenkontaktprogramme. Dazu zählen: *Kundenclubs, Kundenzeitschriften, Bonusprogramme* oder *virtuelle Communities*. Nach Bergmann (1998, S. 151) umfassen „Kundenkontaktprogramme [...] die Planung, Gestaltung und Kontrolle kommunikationspolitischer Maßnahmen der Nachkaufphase, die durch Bereitstellung nutzenstiftender Zusatzleistungen die emotionale Bindung des Kunden an die anbieterseitige Leistung entwickeln bzw. verstärken sollen." Durch die Schaffung solcher Programme fühlen sich die Kunden anerkannt und es entsteht eine emotionale Bindung. Im Folgenden wird auf die Kundenclubs als Konzept näher eingegangen.

Ein *Kundenclub* zeichnet sich durch seine Kundenvorteile aus, welche auf freiwilligen Mitgliedschaften basieren (vgl. Homburg/Bruhn 2013, S. 24). Die Zusatzleistungen eines Kundenclubs sind dabei der größte Anreiz für eine Teilnahme (vgl. Bergmann 1998, S. 151 f.).

Kundenclubs werden meist im Zusammenhang mit anderen Instrumenten angeboten, welche Kundenloyalität erzeugen sollen, beispielsweise Kundenkarten oder Kundenzeitschriften (vgl. Homburg et al. 2013, S. 301). Das Ziel dieser Leistungen rund um ein Produkt, soll ein

Zusammengehörigkeitsgefühl zum Produkt oder Unternehmen erwecken bzw. verstärken (vgl. Bergmann 1998, S.151 f.). Die meisten Kundenclubs beinhalten dabei exklusive Serviceleistungen, Einladungen zu bestimmten Kundenveranstaltungen, Preisvorteile (vgl. Homburg et al. 2013, S. 301) und regelmäßige Informationen für Kunden, wie z.B. Direct-Mails o.Ä. (vgl. Bergmann 1998, S. 151 f.).

Kundenclubs unterscheiden sich in ‚offene' oder ‚geschlossene', sowie in beitragspflichtige oder kostenfreie Clubs (vgl. Homburg et al. 2013, S. 301). Vor der Umsetzung eines Kundenclubs ist es essentiell abzuwägen, welche Form ein Anbieter nutzen möchte und wie dieser finanziert werden soll, falls keine Mitgliedschaftsbeiträge verlangt werden.[1]

Jedoch müssen die einzelnen Leistungen des Clubs für alle potentiellen und aktuellen Kunden offengelegt sein (z.B. durch Werbeanzeigen), damit diese auch als attraktiv wahrgenommen und genutzt werden (vgl. Bergmann 1998, S. 151 f.). Sind alle Voraussetzungen erfüllt, so vereint der Kundenclub verschiedene Elemente des Marketing-Mix (vgl. Homburg et al. 2013, S. 301) und alle drei Wirkungsabsichten der Kommunikationspolitik (Individualisierung, Interaktion sowie Aufbau von Wechselbarrieren). Somit kann der Kundenclub als eine integrierte Kundenbindungsstrategie angesehen werden (vgl. Homburg/Bruhn 2013, S. 24). Bei der Umsetzung eines Kundenclubs ist das Potential der Kundenbindung daher enorm (vgl. ebd.). Dabei sollte ein Club jedoch nicht voreilig, ohne klare Ziele (vgl. Homburg et al. 2013, S. 302) und ohne Finanzierungsplan (vgl. Bergmann 1998, S. 153) konzipiert werden.

Nicht unerwähnt bleiben sollte auch das *Beschwerdemanagement*, welches für unzufriedene Kunden unabdingbar ist. Die Aufgabe des Beschwerdemanagements besteht laut Bergmann (1998, S. 161) darin, Kunden die Möglichkeit und Anreize zu bieten, ihre Beschwerden über verschiedene Kanäle zu äußern. Dies dient dazu, dass die Unzufriedenheit durch persönlichen Kontakt möglichst abgebaut und negative Mundpropaganda sowie Abwanderungen verhindert werden sollen (vgl. ebd.). Des

---

[1] Einen Überblick über verschiedene Kundenclubtypen und deren Vorteile liefern Homburg et al. 2013, S. 303.

Weiteren können dadurch Mängel innerhalb des Unternehmens erfasst, verbessert und neue Ideen für Produkte gewonnen werden (vgl. Diller 2001, S. 146). Darüber hinaus sollten auch unzufriedene Kunden über Frühwarnsysteme aufgedeckt werden, welche sich noch nicht beschwert haben (vgl. Tomczak et al. 2009, S. 123). Die Erfassung von Beschwerden erfolgt zentral (z.b. durch *Kundenforen, Telefonmarketing*) oder dezentral (durch z.b. Berichtspflicht oder aktives Nachfragen des Mitarbeiters) [vgl. Bergmann 1998, S. 162 f.].

Wichtig ist, dass potentielle und aktuelle Kunden den Anbieter jederzeit und preisgünstig erreichen und mit kompetenten Mitarbeitern sprechen können, z.b. über eine Hotline (vgl. Peter 1999, S. 248 f.), E-Mail, Forum oder Chat. Weitere Maßnahmen sind Kundenzufriedenheitsanalysen und regelmäßige Kundenbesuche (vgl. ebd., S. 249).

Laut Lehr (2006, S. 107) kann eine zufriedenstellende Antwort auf eine Beschwerde in über 70% zu einem Wiederkauf des Kunden führen. Daher wird das Beschwerdemanagement als ein essenzielles Instrument für die Kundenbindung angenommen.

### 3.3.3 Aufbau von Wechselbarrieren

Ob ein Kunde seinen Anbieter wechselt, hängt davon ab, wie das Verhältnis zwischen Wechselkosten und dem erwarteten Nutzen ist (vgl. Krüger 1997, S. 156). Die Kosten können ökonomischer und psychologischer Natur sein (vgl. ebd.). Diller (2001, S. 1845) unterscheidet Wechselkosten explizit in Opportunitätskosten, den ‚versunkenen' Kosten und weiteren relevanten Kosten, welche durch einen Anbieterwechsel entstehen können. Sind die Barrieren bzw. die Wechselkosten also hoch genug, so werden Kunden freiwillig oder unfreiwillig an ein Unternehmen gebunden. Im Folgenden werden einige Strategien zum Aufbau von Wechselbarrieren vorgestellt.

Dieser Absatz stützt sich auf Tomczak et al. (2009, S. 123 ff.). Nach Ansicht der Autoren ist zum einen ein *breites Angebotsspektrum* von großer Bedeutung, um Abwechslung für Kunden zu erzeugen und diese vom Anbieterwechsel abzuhalten. Daher empfiehlt es sich „eine breite Auswahl an verschiedenen Varianten und Parallelangeboten" sowie

Kombinationsangebote anzubieten, um Kunden nicht an die Konkurrenz zu verlieren. Beispiele für Produktkombinationen stellen Kontopakete von Kreditkartenfirmen oder günstige Menüvorschläge von Restaurants dar. Des Weiteren können sogenannte „Bedarfssteigerungseffekte" die Kunden längerfristig binden, wenn spezielle Produkte oder Leistungen immer wieder in unterschiedlicher Ausführung oder anderem Design angeboten werden.

Weiterhin kann der Neugier der Kunden ('Variety Seeking', vgl. Kapitel 3.1.4) mit einer offenen Kommunikation seitens des Anbieters vorgebeugt werden, indem auf notwendige Wechselkosten, Risiken (vgl. Krüger 1997, S. 157) und die positiven Aspekte des Unternehmens (z.B. *Leistungsqualität*) hingewiesen wird (vgl. Tomczak et al. 2009, S. 123). Es geht also nicht nur um die Beschaffung von Informationen, sondern auch darum, die Kunden aktiv über Neuerungen und Innovationen im Unternehmen zu informieren (vgl. Peter 1999, S. 249). Diese sollten aber so demonstriert sein, dass sie nicht fälschlicherweise als Werbung missverstanden werden können, sondern eher als persönliche Nachricht an den Kunden (vgl. ebd.). Jedoch ist es wichtig, mit dem Aufbau von Wechselbarrieren sorgfältig und sparsam umzugehen, da diese schnell Kunden vertreiben und somit unwirksam und kontraproduktiv für das KBM sind (vgl. Krüger 1997, S. 157).

Abschließend ist zu sagen, dass die oben genannten Kommunikationsstrategien grundsätzlich als Mischformen verwendet werden sollen. Dies wird auch als Kundenbindungsinstrumente-Mix oder integriertes Kundenbindungsmanagement bezeichnet (vgl. Homburg/Bruhn 2013, S. 23). Einige Instrumente sind bei bestimmten Zielgruppen wirkungsvoller als andere, daher ist es entscheidend, Kanäle zu wählen, welche effektiv, aber auch kosteneffizient sind (Kumar/Reinartz 2006, S. 220). Dazu zählt heutzutage vor allem das Online-Marketing. Generell ist jedoch jeder Kundenkontakt zum Aufbau von psychologischen und sozialen Wechselbarrieren ratsam (vgl. Peter 1999, S. 251). Doch statt unzählige Wechselbarrieren zu errichten, sollte der Schwerpunkt auf dem Erhalt der KZ durch Individualisierung und Interaktion gelegt werden. Der Aufbau von Barrieren ist dabei nicht außer Acht zu lassen. Wechselbarrieren sollten aber eher unterstützend für andere Instrumenten dienen und müssen so gestaltet sein, dass Kunden sie nicht als solche wahrnehmen (vgl. Krüger 1997, S. 157). Des Weiteren sollte auch das Angebotsspektrum breit gefächert sein, um Kunden langfristig zu binden (vgl. ebd.). Das Ziel ist es die einzelnen Wirkungen der Instrumente „synergetisch zu verstärken" (Homburg/Bruhn 2013, S. 25).

Bei intensiver Analyse der potentiellen Kommunikationsinstrumente fiel auf, dass Online-Instrumente, wie z.B. virtuelle Communities, kaum Beachtung in der Literatur finden.

Dies kann auf lückenhafte, fehlende oder schlicht veraltete Forschung in Bezug auf das KBM hindeuten. Vor allem in Hinblick auf die Digitalisierung ist das Thema der Online-Communities jedoch auf keinen Fall zu vernachlässigen. Die Thematik wurde zwar teilweise als ‚Kundenclub' oder ‚Kundenforum' umrissen, aber nicht umfassend untersucht oder als Erfolgsfaktor betrachtet. Da sich Kundenclubs jedoch als erfolgreiche Kundenbindungsstrategie herausgestellt haben, werden nun virtuelle Communities im folgenden Kapitel umfassend beleuchtet.

## 4 Virtuelle Communities als Kundenbindungsinstrument

Das menschliche Wesen benötigt durch seine natürlichen Ausprägungen die Interaktionen bzw. Beziehungen zu anderen Individuen (vgl. Martínez-López et al. 2016, S. 107). Daher ist es nicht verwunderlich, dass sich Menschen in Gruppen wohlfühlen. Vor allem im Marketing bzw. im Kundenbindungsmanagement kann dieses Wissen genutzt werden. Für eine Kunde-zu-Kunde-Kommunikation eignet sich aus diesem Grund die Umsetzung von Communities (vgl. Bruhn 2015, S. 361). Eine Community ist eine Gruppe von Menschen, die gleiche Interessen (Martínez-López et al. 2016, S. 107) sowie „soziale Normen teilen, eine gemeinsame soziale Identität und einen Gruppenzusammenhalt bilden" (Banerjee, S./Banerjee, S.C. 2015, S. 31, eigene Übersetzung). Es lassen sich virtuelle und physische Communities unterscheiden. Die Kommunikation von virtuellen Communities (welche auch als Cyber- oder Online-Communities bezeichnet werden) findet webbasiert und virtuell statt, z.B. in Form von Chats, Blogs oder E-Mails (vgl. Bruhn 2015, S. 361). Physische (oder auch Offline-) Communities nutzen dahingegen den Austausch in der realen Welt unter Verwendung von regelmäßigen Treffen der Mitglieder (vgl. ebd.). Allen Communities gemein ist, dass die Inhalte größtenteils von den Teilnehmern selbst produziert werden. Diese werden auch als ‚User Generated Content' bezeichnet (vgl. Pleil/Bastian 2017, S. 317).

Aufgrund der Digitalisierung werden heutzutage vor allem virtuelle Communities (VC) in der Praxis eingesetzt oder auch Mischformen von Online- und Offline-Communities verwendet (vgl. Bruhn 2015, S. 361). Da der Marketing-Mix die KZ maßgeblich beeinflusst, sind Konsumenten gewillt, ihre Erfahrungen bzw. die (Un)zufriedenheit mit anderen zu teilen. Daher ist es sinnvoll anzunehmen, dass der Marketing-Mix ebenfalls Anreize schaffen muss, damit Kunden ihre Erfahrungen und Meinungen online austauschen können (vgl. ebd., S. 4). Laut einer Online-Studie des ARD und ZDF von 2014 sei ein Großteil der deutschen Onliner bis zu einem Alter von 50 Jahre auch über Communitys erreichbar (vgl. Pleil/Bastian 2017, S. 330). Hinzu kommt, dass es immer mehr Hinweise darauf gibt, dass Mundpropaganda (‚Word-of-Mouth', kurz WOM) besonders im

Internet einen signifikanten Einfluss auf das Kaufverhalten ausübt (vgl. Chen et al. 2011, S. 3).

Demzufolge wird das Augenmerk in diesem Kapitel auf VC gelegt und physische Communities bewusst vernachlässigt. Dabei werden Online Communities, virtuelle Communities sowie virtuelle Marken-Communities als Synonyme angesehen und verwendet.

Der folgende Absatz nach Dholakia und Vianello (2011, S. 8) beschäftigen sich mit Community-Beispielen und den einzelnen Motivationen, daran teilzunehmen. Sie beschreiben, dass Kunden an diversen Communities von Automobil-, Technologiehersteller, Nahrungs- oder Getränkemarken teilnehmen. So bspw. bei Microsoft XBOX 360, Sony's Playstation 3, Ducati, Coca-Cola oder Nutella. Dies geschieht meistens aus Begeisterung zum Produkt, um sich mit anderen Konsumenten über Neuerungen o.Ä. austauschen oder diskutieren zu können (z.b. über neue Spiel-Features bei der XBOX 360). Viele Communities werden von Unternehmen geleitet. Dabei dienen Mitarbeiter häufig als Moderatoren und Organisatoren (z.b. bei dem Sony-Forum zur Playstation). Andere Communities werden jedoch vollständig autonom von enthusiastischen Kunden gegründet und geführt, bspw. bei dem Kamera-Hersteller Nikon, wobei sich diese Community selbst als ‚Nikonians' bezeichnet und von zwei begeisterten Käufern gegründet wurde.[2] Mittlerweile besteht die Community aus über 90.000 aktiven Mitgliedern und ist somit die größte Community von Nikon-Kunden.

Martínez-López et al. (2016, S. 26) stellen heraus, dass die Teilnahme an Communities funktionale (z.b. durch Transaktionen, Informationen, Unterhaltung, Werte etc.), psychologische (Identifikation, Partizipation, Zugehörigkeitsgefühl, Kreativität etc.) und soziale (Beziehungen, Interaktion, Vertrauen und Kommunikation, etc.) Kundenbedürfnisse befriedigen. Dadurch können Anbieter ihre Beziehungen zum Kunden aufrechterhalten und stärken (vgl. ebd., S. 107). Es ist daher nicht verwunderlich, dass Communities mittlerweile immer mehr Aufmerksamkeit im Marketing erfahren (vgl. Dholakia/Vianello 2011, S. 7). Durch wenige finanzielle

---

[2] Für weitergehende Informationen siehe: www.nikonians.org.

Mittel werden Treffpunkte (z.B. Online-Foren) für Kunden geschaffen, welche zum regelmäßigen Meinungs- und Erfahrungsaustausch zwischen Mitgliedern dienen (vgl. ebd.).

Online Communities sind ein soziales und dynamisches Instrument, welches sich ständig verändert und weiterentwickelt (vgl. Martínez-López et al. 2016, S. 207). Aus diesem Grund stellt es eine komplexe Aufgabe dar, Erfolgsfaktoren zu ermitteln (vgl. ebd.). In der folgenden Abbildung wird zunächst der Konsumenten-Engagement-Prozess in einer virtuellen Community vorgestellt, um anschließend dessen Wirkungen abzuleiten.

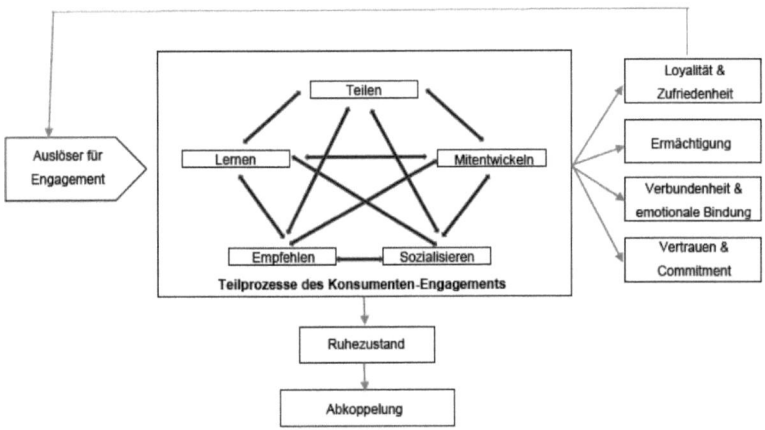

Abbildung 5: Konsumenten-Engagement-Prozess in einer virtuellen Community (Brodie et al. 2013, S. 110, eigene Übersetzung)

Die Abbildung 5 zeigt deutlich, dass aus dem Konsumenten-Engagement mehrere Faktoren resultieren: ‚Loyalität' und ‚Zufriedenheit', ‚Ermächtigung', ‚Verbundenheit' und ‚Emotionale Bindung' sowie ‚Vertrauen' und ‚Commitment'. Dabei stellen Zufriedenheit, Vertrauen sowie Commitment die vorher ermittelten Determinanten der Kundenbindung dar (vgl. Kapitel 3.1). Martínez-López et al. (2016, S. 176 ff.) betonen ebenfalls, dass als Folge von Kunden-Engagement in Communities ‚Zufriedenheit', ‚Vertrauen', ‚Loyalität' sowie ‚Commitment' gesteigert werden können. Aufgrund der vorhergehenden Untersuchung wird somit angenommen, dass VC durchaus ein geeignetes Instrument für die KB darstellen, da sie die zuvor ermittelten Determinanten positiv beeinflussen.

Des Weiteren ermittelten Brodie et al. (2013, S. 112), dass das Engagement von Konsumenten vor allem durch das Kundenbedürfnis nach Informationen entsteht. Dabei verläuft der Prozess des Kunden-Engagements stark interaktiv und auf Erfahrungen beruhend. Darüber hinaus basiert er auf mehreren Teilprozessen, wie ‚Lernen', ‚Teilen', ‚Empfehlen', ‚Sozialisieren' und ‚Mitentwickeln'.

Nach Chang et al. (2014, S. 502 f.) beeinflussen vor allem zwei Hauptdeterminanten den Erfolg und die Beständigkeit von Online Communities. Das ist die Zufriedenheit der Kunden sowie der wahrgenommene Wert der Communities. Diese Determinanten ändern sich jedoch im Laufe der Erfahrungen von Kunden. Popp und Woratschek (2016, S. 48 ff.) ermittelten dass neben der Zufriedenheit, auch die Identifikation von Kunden eine Determinante darstellt. Aus diesem Grund werden Erfahrungen und die Identifikation von Kunden ebenfalls als zentrale Rollen in dieser Betrachtung angenommen.

Dholakia und Vianello (2011, S. 7 ff.) untersuchten ebenfalls verschiedene Communities im Rahmen ihrer siebenjährigen Forschung. In einer Studie befragten sie über 200 firmeneigene und kundeneigene Communities aus diversen Branchen (z.B. im Finanzwesen, Telekommunikationsmarkt, Software, Einzelhandel, Nahrung und Getränkehersteller etc.) und Ländern (in Europa, USA und Asien), um diese zu vergleichen. Bei der Gegenüberstellung fanden sie heraus, dass viele firmeneigene Communities viel weniger Erfolg zeigten, als die von begeisterten Kunden. Dabei fiel vor allem auf, dass bei enthusiastischen Kunden ein ‚Engelskreis' entsteht, welcher zu einer starken und dynamischen Community führt. Bei unternehmenseigenen Communities hingegen, resultiert ein ‚Teufelskreis' mit oberflächlichen und kurzen Teilnahmen der Mitglieder, welche daher öfter scheitern.[3]

Nur sehr wenigen VC gelingt es, ihre Mitglieder zu halten, da die Teilnahme meist offen und fakultativ gestaltet ist (vgl. Chang et al. 2014, S. 502). Aufgrund des Mangels an organisatorischen Regeln und der

---

[3] Für weitergehende Informationen siehe: Dholakia/Vianello (2011, S. 9 ff.).

freiwilligen Teilnahme, ist es daher für Mitglieder relativ einfach, bei Bedarf zu einer alternativen Community zu wechseln (vgl. ebd.). Die Autoren Dholakia und Vianello (2011, S. 13) begründen dies damit, dass Kunden die Communities primär als Informationsquellen nutzen, und nicht, um soziale Kontakte zu knüpfen oder unterhalten zu werden. Als Beispiel werden vor allem technische Probleme in Hilfsforen angeführt, welche nach einer Lösung direkt wieder verlassen werden. In kundeneigenen Communities treffen sich dahingegen meist nur kleinere Gruppen von Nutzern, um sich regelmäßig auszutauschen (z.b. Software-Entwickler in Chats). Dabei entstehen größere emotionale Bindungen und Loyalität, im Gegensatz zu den funktionalen unternehmenseigenen Communities (vgl. ebd.).

Wird eine firmeneigenen Community jedoch erfolgreich umgesetzt, so ist sie von großem Nutzen für das jeweilige Unternehmen. Kundenmeinungen können so in zukünftige Planungen einbezogen sowie positives WOM effektiv verbreitet werden (vgl. Pleil/Bastian 2017, S. 114). Durch die soziale Interaktion der Communities wird außerdem die Chance der Neukundenakquise erheblich gesteigert (vgl. Popp/Woratschek 2016, S. 54), indem z.B. Mitglieder neue Kunden werben. Weiterhin erhalten Kunden mithilfe von VC ein bestimmtes Maß an Kontrolle über eine Marke, wenn sie sich engagieren. Somit können sie die Entwicklung eines Unternehmens aktiv beeinflussen (vgl. Brodie et al. 2013, S. 112). Darüber hinaus ist es möglich, Produktinnovationen zu erproben, Kunden zu schulen und die Loyalität zu steigern (vgl. Dholakia/Vianello 2011, S. 19). Zusammengefasst kann die Ausführung einer VC im Bereich des Marketings durchaus profitabel sein (vgl. Popp/Woratschek 2016, S. 54).

Beim Aufbau einer Community sollte jedoch vorher genau abgewogen werden, ob ein Nutzerpotential vorhanden ist und ob eine gewisse Exklusivität durch Inhalte und Funktionen gegeben werden kann (vgl. Pleil/Bastian 2017, S. 330).

Dholakia/Vianello (2011, S. 15 ff.) weisen bei der Umsetzung einer firmeneigenen Community auf fünf weitere wichtige Empfehlungen hin:

1. Unternehmen müssen die Kontrolle in hohem Maße an ihre Kunden abgeben.
2. Anbieter sollten diverse Teilnehmer in ihre Communities aufnehmen, um die Vielfalt zu erhöhen.
3. Es sollten mehrere Tools verwendet werden, um Kundenprobleme zu lösen und soziale Interaktionen zu ermöglichen (z.B. Foren oder Chats).
4. Marketingkonzepte sollten ganzheitlich aufeinander abgestimmt werden, um synergetisch zu funktionieren.
5. Communities von begeisterten Kunden sollten vom Unternehmen unterstützt werden.

Darüber hinaus sollte beachtet werden, dass (Marketing-)Mitarbeiter eines Unternehmens nur von Konsumenten erwünscht sind, wenn sie sich selbst objektiv einbringen, ohne dabei Werbung oder Kommerz zu verbreiten (vgl. Brodie et al. 2013, S. 112). Anbieter sollten folglich vor allem vorhandene Ressourcen effizient nutzen, um Mitglieder der Community anzuregen, sich kontinuierlich einzubringen und ihre Wettbewerbsvorteile zu bewahren (vgl. Chang et al. 2014, S. 502 f.). Die Devise lautet daher: Konsumenten zu „engagieren, sich selbst zu engagieren" (Brodie et al. 2013, S. 112, eigene Übersetzung).

Die Einführung von VC oder anderen KI ist dabei i.d.R. mit hohen Investitionskosten verbunden. In Kapitel 3.3 wurden diverse Kommunikationsmittel betrachtet. Dabei gibt es verschiedene Klassifizierungssysteme, jedoch bisher kein einheitliches (vgl. Lopéz et al. 2016, S. 23). Daher stellt sich nun die Frage, welche Instrumente des KBM am wirkungsvollsten sind. In Kapitel 5 soll infolgedessen mittels eines Scoring-Modells überprüft werden, welche Instrumente im Allgemeinen den größten Nutzen für Unternehmen versprechen und ob VC so wirksam sind, wie zuvor angenommen.

# 5 Scoring-Modell als universelle Nutzwertanalyse des Kundenbindungsmanagements

Das „Scoring-Modell, Rangfolge-Modell. (..) [ist ein] Verfahren zur Alternativenbewertung bei mehreren Zielgrößen, wobei Alternativen auch an solchen Bewertungskriterien gemessen werden, die nicht in Geldeinheiten ausdrückbar sind. Berücksichtigt werden bei der Nutzwertanalyse z.b. technische, psychologische und soziale Bewertungskriterien, die sich an quantitativen und qualitativen Merkmalen orientieren (multiattributive Nutzenbetrachtung)" [Wübbenhorst, K. o. J., o.S.].

In der Praxis wird das Scoring-Modell oft eingesetzt (vgl. Henseler/Hoffmann 2003, S. 48). Im Kontext des KBM wird es vor allem für die Kundenwertermittlung genutzt (vgl. Henseler/Hoffmann 2003, S. 47) und dabei auch als ‚Kundenscoring' bezeichnet (vgl. Diller 2001, S. 872). Es gilt als individuelles und mehrdimensionales Verfahren, da es einzelne Kriterien betrachtet und dabei mehrere Dimensionen analysieren kann (vgl. Krafft 2007, S. 79).

## 5.1 Untersuchungsdesign

Im folgenden Kapitel soll das Scoring-Modell jedoch nicht im Bezug zum Kundenwert verwendet werden, da es dazu bereits einschlägige Literatur gibt (vgl. Peter 1999, S. 272; vgl. Bergmann 1998, S. 58; vgl. Krüger 1997, S. 136). Es soll vielmehr eine universelle Nutzwert-Analyse im Hinblick auf die Kommunikationsinstrumente des KBM entwickelt werden. Quantitative Werte (wie Umsatz oder Deckungsbeitrag) können oftmals relativ einfach bestimmt werden im Vergleich zu qualitativen Faktoren (wie KZ oder Loyalität) [vgl. Plangger 2012, S. 145]. Deshalb soll ein Verfahren entwickelt werden, um qualitative oder ‚weiche' Faktoren bewertbar und greifbar machen zu können.[4] Dafür wird das Scoring-Modell nach Schneider (2008, S. 128 ff.) als Grundlage genutzt.

---

[4] „Zu den weichen Faktoren (soft facts) zählen Images, Stimmungen, aber auch Wissen und daraus resultierendes Verhalten (De-/Motivation) sowie Handlungsweisen (Unterstützung/Widerstand). Solche Faktoren heißen weich, weil sie gar nicht oder nur mit Hilfsindikatoren als Kennzahlen darstellbar sind" (Lies o.J., o.S.).

Es handelt sich dabei um eine Punktebewertungsmethode, bei der in dieser Arbeit mehrere Kommunikationsinstrumente anhand bestimmter Kriterien verglichen werden sollen. Somit kann nach dem Vergleich festgestellt werden, welches Instrument das geeignetste im Hinblick auf die Kundenbindung ist.

Für die Umsetzung werden Kriterien anhand der vorangegangenen Erkenntnisse aus dem Kapitel 3.3 herangezogen und nach ihrer Relevanz gewichtet und anschließend Punkte für das Erfüllen der Kriterien bestimmt. Die Punkte bzw. Scores können von 0 = ‚Kriterium wird nicht erfüllt' bis 5 = ‚Kriterium wird optimal erfüllt' vergeben werden. Diese Skala wurde gewählt, damit eine genaue Abstufung erfolgen kann. Dabei wurde eine gerade Anzahl festgelegt, damit nicht zur Mitte tendiert werden kann bei Ungewissheit. Bei der Bestimmung der Punkte ist jedoch nicht der Detaillierungsgrad der Skala entscheidend, sondern vor allem die Auswahl geeigneter Kriterien und deren Gewichtung (vgl. Krafft/Albers 2000, S. 519). Nachfolgend werden die vergebenen Punkte mit den einzelnen Wichtungen multipliziert und zu einem Gesamtwert addiert (vgl. Schneider 2008, S. 130). Abschließend werden die einzelnen Ergebnisse mit der maximalen Punktzahl dividiert und somit der prozentuale Anteil berechnet. Daraus resultiert am Ende des Verfahrens eine individuelle Rangfolge der Instrumente nach ihrem jeweiligen Nutzen. Um die ermittelten Scores nach Beendigung des Verfahrens interpretieren zu können, wird folgende Bewertungstabelle nach Schulnoten festgelegt (vgl. Tabelle 2).

| Ergebnis | Interpretation |
| --- | --- |
| 92 – 100% | Optimal |
| 81 – 91% | Sehr gut |
| 67 – 80% | Gut |
| 50 – 66% | Befriedigend |
| 30 – 49% | Ausreichend |
| 0 – 29% | Nicht geeignet |

Tabelle 2: Bewertungstabelle Kommunikationsinstrumente des Kundenbindungsmanagements (vgl. Nottebrock/Meinecke o.J., o.S.)

Aufgrund der Tatsache, dass ausschließlich qualitative Faktoren bewertet werden, kann keine rein objektive Bewertung vorgenommen werden. Da das Verfahren jedoch wissenschaftlich anerkannt ist und in der Praxis oft Verwendung findet (vgl. Henseler/Hoffmann 2003, S. 48), wird das folgende Scoring-Modell dennoch als wertvoller Ansatz für das KBM betrachtet.

## 5.2 Durchführung

Zur Analyse werden nun die Kriterien, die in Kapitel 3.3 hinsichtlich der Wirkungsabsichten von KI beschrieben wurden, einzeln betrachtet und gewichtet, um diese besser voneinander abzugrenzen und einen nachvollziehbaren und objektiven Score zu erreichen. Somit lassen sich folgende drei qualitative Merkmale ableiten: Individualisierung, Interaktion und Wechselbarrieren. Diese Kriterien wurden gewählt, da sie bereits als die drei Hauptziele im Rahmen des KBM ermittelt wurden. Die individuelle Kundenansprache ist dabei fundamental (vgl. Peter 1999, S. 248 ff.) und sollte das erste kommunikationspolitische Ziel sein (vgl. Lehr 2006, S. 106). Aus diesem Grund wird das Kriterium Individualisierung als höchstes gewichtet mit *40%*. Die Interaktion zwischen Kunden ist ebenfalls substanziell, jedoch der zweitbedeutendste Fokus. Folglich wird eine Wichtung von *35%* festgelegt, um eine minimale Abstufung im Vergleich zur Relevanz der Individualisierung herzustellen. Das dritte Kriterium ist der Aufbau von Wechselbarrieren, welcher ebenfalls grundlegend für die Kundenbindung ist, jedoch sollte der Schwerpunkt auf dem Erhalt der KZ durch Individualisierung und Interaktion liegen. Daher sollte dieser nur unterstützend für andere Instrumenten dienen und muss so gestaltet sein, dass Kunden die Barrieren nicht als solche wahrnehmen (vgl. Krüger 1997, S. 157). Infolgedessen wird der Aufbau von Wechselbarrieren als Kriterium nur mit den restlichen *25%* gewichtet, sodass insgesamt eine Summe von *100%* der Wichtungen entsteht (vgl. Bruhn 2015, S. 374). Im Folgenden werden die einzelnen Kriterien und deren Wichtungen im Überblick dargestellt.

| Bewertungskriterien | Gewichtung (in %) |
|---|---|
| Individualisierung | 40 |
| Interaktion | 35 |
| Wechselbarrieren | 25 |
| Gesamt | 100 |

Tabelle 3: Bewertungskriterien von Kommunikationsinstrumenten des Kundenbindungsmanagements mit Gewichtung (vgl. Bruhn 2015, S. 374)

Nun werden KI festgelegt, welche anhand der gewählten Kriterien untersucht und verglichen werden sollen. Dabei sollen aufgrund des technologischen Wandels ausschließlich digitale Kommunikationsmittel gewählt werden, um ein aktuelles und universelles Scoring-Modell zu erstellen. Als erstes Instrument werden VC gewählt, da darauf der Schwerpunkt der Arbeit liegt und durch vorhergehende Analyse (vgl. Kapitel 4) angenommen wird, dass sie die KB maßgeblich steigern können. Des Weiteren sollen Social Media zum Vergleich herangezogen werden, da Netzwerke wie XING, Facebook oder LinkedIn die Beziehungen zu Kunden pflegen und entwickeln (vgl. Pleil 2017, S. 29). Dazu kommt, dass nach Tsai et al. (2015, S. 26), die Teilnahme an sozialen Medien die Kundenprofitabilität sowie -zufriedenheit durch mehrere Kanäle erhöht. Dies soll mithilfe des Modells überprüft werden. Zusätzlich sollen noch Online-Werbung sowie das E-Mail-Marketing untersucht werden, da diese beiden Instrumente nach Tomczak et al. (2009, S. 124) kostengünstige und effiziente Varianten darstellen.

Nun wird geprüft, wie gut die zu untersuchenden Kommunikationsmittel die drei ermittelten Kriterien erfüllen. Die Punktevergabe verläuft in der Annahme, dass alle KI erfolgreich verwalten und betrieben werden.

### 5.2.1 Virtuelle Communities

In dieser Untersuchung werden speziell firmeneigene Communities betrachtet, um herauszufinden, ob sich diese im KBM lohnen.

### 5.2.1.1 Individualisierung und Interaktion

Die Teilnahme an VC befriedigt nach Martínez-López et al. (2016, S. 26) psychologische Kundenbedürfnisse wie das Zugehörigkeitsgefühl. Das würde bedeuten, dass die Individualisierung bei VC in relativ hohem Maße erfüllt werden. Jedoch kann in Form von Communities keine sehr persönliche Ansprache gelingen, da immer eine Gruppe von Nutzern gemeinsam adressiert wird. Daraus lässt sich für die Individualisierung eine Punktzahl von *drei Punkten* ableiten.

### 5.2.1.2 Interaktion

Martínez-López et al. (2016, S. 26) betont auch hier die Erfüllung von sozialen Kundenbedürfnissen (Interaktion, Kommunikation, etc.). Dadurch können Kunden ihre Beziehungen aufrechterhalten und stärken (vgl. ebd., S. 107). Die Interaktion wird daher als sehr hoch eingestuft, da nicht nur der Anbieter mit den Mitgliedern kommunizieren kann, sondern vor allem die Kunden selbstständig untereinander. Daraus schließt sich die maximale Punktzahl von *fünf Punkten*.

### 5.2.1.3 Wechselbarrieren

Bei näherer Betrachtung der Wechselbarrieren von Communities (vgl. Kapitel 4) wurde ermittelt, dass es nur sehr wenigen VC gelingt, ihre Mitglieder zu halten, da die Teilnahme meist offen und freiwillig gestaltet ist (vgl. Chang et al. 2014, S. 502). Aufgrund des Mangels an organisatorischen Regeln, ist es daher für Mitglieder relativ einfach, bei Bedarf zu einer alternativen Community zu wechseln (vgl. ebd.). Jedoch ist zu bedenken, dass aufgrund des Zugehörigkeitsgefühls und einem ständigen Austausch von Mitgliedern eine hohe emotionale Wechselbarriere entstehen kann. Daher werden für die Wechselbarrieren von Communities *drei Punkte* vergeben. VC erhalten somit eine Gesamtpunktzahl von *elf Punkten* von 15 möglichen Punkten.

### 5.2.2 Social Media

#### 5.2.2.1 Individualisierung

In Bezug zu sozialen Medien können Kunden in verschiedenen Zielgruppen zwar relativ persönlich angesprochen, jedoch bleiben soziale Netzwerke wie z.B. Facebook, XING oder LinkedIn ein sehr weitläufiges Feld mit einer Vielzahl an Nutzern. Daher fällt die Punktevergabe relativ gering aus mit *drei Punkten* für die Individualisierung.

#### 5.2.2.2 Interaktion

Laut einer Studie der BITKOM 2013 sind 78% der Webnutzer auch in sozialen Netzwerken vertreten und 67% verwenden soziale Netzwerke sogar aktiv. (vgl. Jäger 2017, S. 426). „Die Interaktionsmöglichkeiten von Social Media zwingen Unternehmen [daher] verstärkt in den Dialog mit verschiedenen Anspruchsgruppen" (Hettler 2010, S. 68). Es werden viele Möglichkeiten geboten, um erfolgreich mit Kunden in Kontakt zu treten und aktiv mit ihnen zu kommunizieren, jedoch funktionieren soziale Medien nicht ohne Anstrengungen der Anbieter (vgl. Jäger 2017, S. 426 f.). Dies bedeutet, dass Social Media zwar ein enormes Potential beherbergen, um mit entsprechenden Zielgruppen zu kommunizieren und zu interagieren, dieses aber nicht immer voll ausgeschöpft werden kann. Aus diesem Grund werden beim Kriterium Interaktion von Social Media *vier Punkte* vergeben.

#### 5.2.2.3 Wechselbarrieren

Durch Kommunikation von Leistungsqualität oder anderen positiven Merkmalen von Unternehmen durch Social Media können gewisse emotionale Wechselbarrieren für Kunden geschaffen werden. Jedoch nutzen mittlerweile so viele Unternehmen dieses Medium, sodass ein Absprung der Konsumenten zu alternativen Anbietern sehr leicht ist. Infolgedessen werden für die Wechselbarrieren der Social Media nur *zwei Punkte* vergeben. Insgesamt wurden für das Kommunikationsmittel Social Media *neun Punkte* von möglichen *15 Punkten* vergeben.

### 5.2.3 Online-Werbung

Für die bessere Nachvollziehbarkeit wird zunächst eine Definition vorgenommen. Online-Werbung ist die „zielgerichtete Information über und Bekanntmachung von Gütern und Dienstleistungen durch den Anbieter mithilfe des Internets als Massenmedium. Das Internet ermöglicht hierbei im Vergleich zu anderen Werbeträgern ein hohes Maß an Interaktion und Flexibilität bei relativ geringen Kosten" (Kollmann o. J., o.S.).

#### 5.2.3.1 Individualität

Bei der Online-Werbung können verschiedene Kampagnen daher sehr zielgerichtet an verschiedene Kunden adressiert werden (vgl. Tiedtke 2000, S. 94). Jedoch ist es nicht möglich wie z.B. beim E-Mail-Marketing, jeden einzelnen Kunden persönlich anzusprechen. Aus diesem Grund wird eine Punktzahl von *vier Punkten* vergeben.

#### 5.2.3.2 Interaktion

Nach Tiedtke (2000, S. 98) verläuft Online-Werbung sehr interaktiv. Die Kommunikation ist dabei effektiv, verläuft jedoch stark einseitig, da größtenteils die Anbieter auf Kunden reagieren und nicht umgekehrt. Darüber hinaus fühlen sich Internetnutzer bei ihrer Nutzung oft gestört durch Werbeanzeigen (vgl. ebd., S. 95). Daher werden bei der Interaktion von Online-Marketing d*rei Punkte* vergeben.

#### 5.2.3.3 Wechselbarrieren

Wenn Kunden einmal online auf ein Unternehmen gestoßen sind, dann werden diese immer wieder angesprochen und mit der Leistungsqualität angeworben. Dies kann eine gewisse Barriere erzeugen durch oftmalige Erinnerung und Bildung von emotionaler Barrieren. Jedoch im Vergleich zu den anderen Instrumenten, fällt der Aufbau von Wechselbarrieren im Online-Marketing relativ gering aus. Infolgedessen werden erneut *zwei Punkte* vergeben.

### 5.2.4 E-Mail-Marketing

#### 5.2.4.1 Individualisierung

Beim E-Mail-Marketing ist es möglich, entweder einzelne Kunden individuell anzuschreiben oder direkt mehrere Kundengruppen zu adressieren. Falls Kunden antworten, kann immer speziell darauf eingegangen werden. Dabei zu berücksichtigen ist, dass eine persönliche Anrede in Zeiten der Digitalisierung nicht mehr ausreicht, um Kunden zu beeindrucken. Nur wenn sich E-Mails von der Konkurrenz abheben, kann dies zu einer gesteigerten Bindung führen (vgl. Peter 1999, S. 250). Als Konsequenz dessen wird ein Punkt abgezogen und *vier Punkte* vergeben für die Individualisierung von E-Mail-Marketing.

### 5.2.4.2 Interaktion

Bei Verwendung von E-Mails sollen Kunden durch konstante Kommunikation an ein Unternehmen gebunden werden (vgl. Jugenheimer o. J., S. 27). Die Interaktion beim E-Mail-Marketing ist jedoch relativ aufwendig, da E-Mails wie Newsletter viel Zeit kosten. Kunden sollen durch E-Mails motiviert werden zu reagieren, daher besteht meist eine stark einseitige Kommunikation (vgl. Töpfer/Wieder 1999, S. 250). Aus diesem Grund werden hier nur *zwei Punkte* von möglichen fünf vergeben.

### 5.2.4.3 Wechselbarrieren

Das E-Mail-Marketing bietet kaum Wechselbarrieren, da E-Mails schnell im Spam-Ordner landen können oder gar nicht erst geöffnet werden (vgl. Hünerberg 2000, S. 130). Durch persönliche Kommunikation kann zwar teilweise eine psychologische Wechselbarriere entstehen, aber diese Art von Service bieten mittlerweile der Großteil aller Firmen an. Daher wird das Bewertungskriterium der Wechselbarrieren in diesem Fall sehr gering eingestuft mit nur *einem Punkt*. Zusammenfassend entsteht folgendes Scoring-Modell im Überblick mit den einzelnen Punktzahlen.

| Bewertungskriterien | Gewichtung (in %) | Virtuelle Communities | Social Media | Online-Werbung | E-Mail-Marketing |
|---|---|---|---|---|---|
| Individualisierung | 40 | 3 | 3 | 4 | 4 |
| Interaktion | 35 | 5 | 4 | 3 | 2 |
| Wechselbarrieren | 25 | 3 | 2 | 2 | 1 |
| Gesamt | 100 | 11 | 9 | 9 | 7 |
| Gewichteter Gesamtscore | | 3,7/5 | 3,1/5 | 3,15/5 | 2,55/5 |
| Prozentualer Gesamtscore | | 74% | 62% | 63% | 51% |

Tabelle 4: Scoring-Modell von Kommunikationsinstrumenten des Kundenbindungsmanagements (eigene Darstellung)

Dem entwickelten Scoring-Modell ist zu entnehmen, dass VC den höchsten Score von *74%* erreicht und damit ein gutes Instrument für die Kundenbindung darstellt. Social Media und Online-Werbung haben fast den gleichen Score von *62%* und *63%* und erreichen damit ein befriedigendes Resultat. Den letzten Rang belegt das E-Mail-Marketing mit einem prozentualen Gesamtscore von *51%* und ist somit auch noch knapp befriedigend im Hinblick auf den Nutzen für die KB.

### 5.3 Auswertung und kritische Würdigung

Das Ziel dieser Arbeit war es, mithilfe des Scoring-Modells zu untersuchen, welches KI für sich alleinstehend am geeignetsten für das KBM ist. In dieser Nutzwert-Analyse wurden VC erfolgreich als das geeignetste Medium mit 74% ermittelt. Somit konnte die zuvor getroffene Annahme, dass VC die Kundenbindung positiv beeinflussen (vgl. Kapitel 4) anhand des Modells bestätigt werden. Daher wird dieses Medium für die KB empfohlen, jedoch beeinflussen die Instrumente jeweils verschiedene Marketingziele und sollten daher grundsätzlich als Mischformen verwendet werden (vgl. Kapitel 3.3). Für die erfolgreiche Umsetzung sollte außerdem ein aufeinander abgestimmtes kommunikationsstrategisches Konzept entwickelt werden (vgl. Lopéz et al. 2016, S. 24).

Die durchgeführte Analyse soll nur einen Ansatz aufzeigen, um die Investitionsentscheidungen von Anbietern besser abwägen bzw. erleichtern zu können.

Das Scoring-Modell ist besonders im Hinblick auf qualitative Faktoren sehr subjektiv einzuschätzen. Ebenfalls die Einteilung der Skala ist kaum objektiv darstellbar. Jedoch ist „Voraussetzung für die Aussagekraft der Scores (..), dass Merkmale identifiziert werden, die einen signifikanten Erklärungsbeitrag liefern" (Henseler/Hoffmann 2003, S. 49). Dies wird dem vorgestellten Modell unterstellt. Ungeachtet dessen ist die Scoring-Methode ein anerkanntes Verfahren im Kundenbindungsmanagement zur Ermittlung von Kundenwerten bzw. im Controlling für andere Nutzwertanalysen. „Die Berücksichtigung zahlreicher Kriterien und deren gewichteter Eingang in die Gesamtbewertung stellen (…) die entscheidenden Stärken dieses Verfahrens dar" (Krafft/Albers 2000, S. 519). Daher wird das entwickelte Modell, ungeachtet der Limitationen, als ein wertvoller Ansatzpunkt für weitergehende Forschung betrachtet und schließt dabei eine Lücke in der aktuellen Literatur.

Anzumerken ist dabei, dass in dieser Untersuchung ausschließlich ‚weiche Faktoren' und keine ‚harten Faktoren' (z.B. monetäre Einflussgrößen), betrachtet wurden. Es wäre interessant, auch diese in zukünftiger Forschung einzubeziehen. Wünschenswert wäre es außerdem, zusätzlich eine qualitative Umfrage unter Kunden und Anbietern durchzuführen, welche die Effektivität von einzelnen Kommunikationsinstrumenten zusätzlich aus diesen beiden Perspektiven untersucht. Es wird außerdem empfohlen, zukünftige Punktebewertungen durch mehrere Experten (Teams) vorzunehmen, um die relative Objektivität zu erhöhen.

Im Rahmen der Bachelorarbeit konnten darüber hinaus nur einige Instrumente sowie Kriterien untersucht werden. Eine Frage, die noch weiterer empirischer Untersuchungen bedarf, ist, welche weiteren bedeutenden Kriterien bzw. Unterfaktoren es weiterhin gibt. Diese könnten die Bewertung ebenfalls nachvollziehbarer gestalten. In zukünftiger Forschung sollten außerdem noch weitere Instrumente in die Analyse einbezogen werden. Dabei muss vor allem auch auf verschiedene Branchen bzw. Unternehmen eingegangen werden. Ein Vergleich zwischen mehreren Ländern und Branchen wäre dabei ebenfalls sinnvoll, da im Rahmen dieser Arbeit nur eine allgemeine Betrachtung vorgenommen wurde.

# 6 Fazit

## 6.1 Zusammenfassung

Im Rahmen dieser Bachelorarbeit wurden zunächst verschiedene Determinanten der KB ermittelt. Dabei konnte festgestellt werden, dass KZ, Commitment, Vertrauen und Wechselbarrieren die bedeutendsten Einflussfaktoren darstellen. Das Variety Seeking und die Attraktivität von Konkurrenzangeboten besitzen ebenfalls einen wesentlichen Einfluss auf die KB. Die Analyse zeigt, dass Marketing-Maßnahmen von elementarer Bedeutung sind, jedoch nur bis zu einem gewissen Sättigungsbereich nutzenstiftend sind. Ab diesem Bereich ist die Marktsituation ausschlaggebend für die Kundenbindung. Daher müssen latente Wechselbarrieren und ein breites Angebot für die Kunden geschaffen werden, um diese dauerhaft zu binden.

Des Weiteren wurden unterschiedliche KI des KBM vorgestellt. Dabei ist zu sagen, dass Kommunikationsstrategien grundsätzlich als Mischformen verwendet werden sollen (‚Kundenbindungsinstrumente-Mix'). Es ist essentiell, effektive und kosteneffiziente Mittel zu wählen, um Zielgruppen in Zeiten des technologischen Wandels zu erreichen. Zu nennen ist hierbei vor allem das Online-Marketing.

Ziel der Arbeit ist es gewesen, ein aktuelles und universelles Scoring-Modell zu entwickeln, um vier KI des KBM zu untersuchen. Besonderes Augenmerk wurde auf VC gelegt. Dabei wurden drei qualitative Faktoren als Bewertungskriterien genutzt, die in der vorhergehenden Analyse als positive Einflüsse auf die Kundenbindung ermittelt wurden. Das Resultat hat bestätigt, dass VC mit einem Gesamtscore von 74% ein gutes KB-Mittel darstellt. Social Media (62%) und Online Werbung (63%) erreichten ein befriedigendes Ergebnis. Das E-Mail-Marketing (51%) schnitt im Vergleich am schlechtesten ab und wird daher als einzelnes KB-Instrument nicht primär empfohlen.

## 6.2 Handlungsempfehlungen und Zukunftsprognosen

Aufgrund des wachsenden, technologischen Fortschritts ist es maßgeblich, dass mehr auf die Online-Bedürfnisse von Kunden eingegangen wird. Daher sollte dem Forschungsgebiet der Online-Kundenbindung in Zukunft eine größere Bedeutung zuteilwerden. Der Nutzen und die Wirtschaftlichkeit von KI sollten permanent überprüft werden (vgl. Haghani/Lehr 2006, S.2). Dabei sollte auf weniger nützliche KI verzichtet werden (vgl. ebd.). Bei der Untersuchung fiel darüber hinaus auf, dass Online-Instrumente kaum in Bezug zum KBM berücksichtigt werden. Die Forschung in diesem Bereich scheint nicht aktuell bzw. unzureichend zu sein. ‚Kundenclubs' und ‚Kundenforen' bieten zwar einen ersten Ansatz in die Thematik, jedoch sollte dies umfassender untersucht werden. Das dargestellte Scoring-Modell bietet einen ersten Ansatz für eine aktuelle Nutzerwertanalyse von KI des KB. Jedoch sollten auch verschiedene Branchen und Länder dazu untersucht werden, um einen Vergleich zu demonstrieren.

## 6.3 Kritische Reflexion

Zunächst ist anzumerken, dass die betrachtete Literatur größtenteils in den 1990er-2000er Jahren veröffentlicht wurde und daher nicht mehr als aktuell angesehen werden kann. Dies kann auf das wachsende Interesse für das KBM ab den 80er zurückzuführen sein. Aus diesem Grund wäre es wünschenswert, auch aktuellere Studien bzw. eine Langzeitstudie zu betreiben, um die Determinanten der Kundenbindung in Zeiten der Digitalisierung zu untersuchen. Nach Krafft (2007, S. 40) existieren aktuell kaum Ansätze, welche Marketing-Instrumente als Determinanten der Kundenbindung berücksichtigen. Vor allem die Wirkung von Online-Marketing-Instrumenten auf die KB ist dabei von besonderem Interesse. Der Zusammenhang zwischen VC und KB sollte in diesem Zuge ebenfalls nicht vernachlässigt werden.

Für eine gründliche Untersuchung wäre ebenfalls eine repräsentative Umfrage von Vorteil gewesen. Das war im Rahmen der Bachelorarbeit nicht zu bewerkstelligen, dies kann jedoch einen Ansatz für zukünftige Forschung geben.

# Literaturverzeichnis

Banerjee, S./ Banerjee, S.C. (2015): Brand Communities: An Emerging Marketing Tool. In: *The IUP Journal of Brand Management*, Volume 12, Issue 1, March 2015, S.22-34.

Bergmann, K. (1998): *Angewandtes Kundenbindungsmanagement*. Frankfurt am Main: Europäischer Verlag der Wissenschaften.

Berry, L.L. (1995): Relationship Marketing of Services – Growing Interest, Emerging Perspectives. In: *Journal of the Academy of Marketing Science*, Volume 23, Issue 4, September 1995, S. 236-245.

Bloemer, J.M./ Kasper, H.D.P. (1995): The Complex Relationship between Consumer Satisfaction and Brand Loyalty. In: *Journal of Economic Psychology*, Volume 16, Issues 2, July 1995, S. 311-329.

Brodie, R.J./ Ilic, A./ Juric, B./ Hollebeek, L. (2013): Consumer Engagement in a Virtuell Brand Community: an Exploratory Analysis. In: *Journal of Business Research*, Volume 66, Issue 1, January 2013, S. 105-114.

Bruhn, M. (2002): *Kundenorientierung / Bausteine für ein exzellentes Customer Relationship Management (CRM)*. Stuttgart: dtv Verlag.

Bruhn, M. (2009): Das Konzept der kundenorientierten Unternehmensführung. In: Hinterhuber, H.H. / Matzler, K. (Hrsg.): *Kundenorientierte Unternehmensführung / Kundenorientierung – Kundenzufriedenheit – Kundenbindung*. Wiesbaden: Gabler Verlag, S. 33-68.

Bruhn, M. (2015): *Relationship Marketing / Das Management von Kundenbeziehungen*. München: Verlag Franz Vahlen.

Bügel, M.S./ Buunk, A.P./ Verhoef, P.C. (2010): A Comparison of Customer Commitment in Five Sectors Using the Psychological Investment Model. In: *Journal of Relationship Marketing*, Volume 9, Issue 1, March 2010, S. 2-29.

Chang, C.M./ Hsu, M.H./ Hsu, C.S./ Cheng, H.L. (2014): Examining the Role of Perceived value in Virtual Communities Continuance: its Antecedents and the Influence of Experience. In: *Behaviour & Information Technology Journal*, Volume 33, Issue 5, S. 502-521.

Chen, Y./ Fay, S./ Wang, Q. (2011): The Role of Marketing in Social Media: How Online Consumer Reviews Evolve, *SSRN*, Research Paper.

Dholakia, U.M./ Vianello, S. (2009): Effective Brand Community Management: Lessons from Costumer Enthusiasts. In: *SSRN Electronic Journal*, May 2009.

Diller, H. (2001): *Vahlens Großes Marketing Lexikon*. München: Verlag Franz Vahlen.

Feistel, M.S.G. (2008): *Strategisches Kundenbindungsmanagement / Modellrahmen und empirische Evidenz auf Basis einer kausalanalytischen Untersuchung in der Mineralölindustrie*. Wiesbaden: Gabler Verlag.

Grohmann, M./ Heumann, C./ Wangenheim, F. (2013): Determinanten der Kundenbindung. In: Bruhn, M. & Homburg, C. (Hrsg.), *Handbuch Kundenbindungsmanagement*. Wiesbaden: Springer Gabler Verlag, S. 81-100.

Haghani, S./ Lehr, D. (2006): Der Kunde bleibt König. In: *Absatzwirtschaft*, Ausgabe 5, Mai 2006, S. 34-36.

Henseler, J./ Hoffmann, T. (2003): *Kundenwert als Baustein zum Unternehmenswert*. Hamburg: Verlag Dr. Kovač.

Hettler, U. (2010): *Social Media Marketing / Marketing mit Blogs, Sozialen Netzwerken und weiteren Anwendungen des Web 2.0*. München: Oldenbourg Verlag.

Hippner, H. (2007): CRM - Grundlagen, Ziele, Konzepte. In: Hippner, H. / Wilde, D. (Hrsg.): *Grundlagen des CRM / Konzepte und Gestaltung*. Wiesbaden: Betriebswirtschaftlicher Verlag Dr. Th. Gabler, S. 15-44.

Homburg, C./ Becker, A./ Hentschel, F. (2013): Der Zusammenhang zwischen Kundenzufriedenheit und Kundenbindung. In: Bruhn, M. & Homburg, C. (Hrsg.): *Handbuch Kundenbindungsmanagement*. Wiesbaden: Springer Gabler Verlag, S. 101-134.

Homburg, C./ Kuester, S./ Krohmer, H. (2013): *Marketing Management / A Contemporary Perspective*. Berkshire: McGraw-Hill Education.

Homburg, C./ Bruhn, M. (2013): Kundenbindungsmanagement – Eine Einführung in die theoretischen und praktischen Problemstellungen. In: Bruhn, M. & Homburg, C. (Hrsg.): *Handbuch Kundenbindungsmanagement*. Wiesbaden: Springer Gabler Verlag, S. 3-42.

Huber, F./ Herrmann A./ Braunstein, C. (2009): Der Zusammenhang zwischen Produktqualität, Kundenzufriedenheit und Unternehmenserfolg. In: Hinterhuber, H.H. / Matzler, K. (Hrsg.): *Kundenorientierte Unternehmensführung / Kundenorientierung – Kundenzufriedenheit – Kundenbindung*. Wiesbaden: Gabler Verlag, S.69-86.

Hünerberg, R. (2000): Bedeutung von Online-Medien für das Direktmarketing. In: Link, J. (Hrsg.): *Wettbewerbsvorteile durch Online Marketing*. Berlin, Heidelberg: Springer-Verlag, S. 121-148.

Hurr, W.M./ Kang, S. (2012): Interaction Effects of the three Commitment Components on Costumer Loyalty Behaviors. In: *Social Behavior and Personality*, Volume 40, Issue 9, 2012, S. 1537-1542.

Jäger, W. (2017): Employer Branding und Personalkommunikation im Web. In: Zerfaß, A. / Pleil, T. (Hrsg.): *Handbuch Online-PR / Strategische Kommunikation im Internet und Social Web*, Köln: Halem Verlag, S. 421-436.

Jugenheimer, M. (o.J.): *Kundenbindung im Internet / Eine Analyse des Zusammenhangs von Kundenzufriedenheit und Kundenbindung zur Ermittlung der Eignung von Weblog und Podcast als Instrumente zur Steigerung der Kundenbindung am Beispiel der Internetseite pons.de*, Stuttgart, Hochschule der Medien, Fakultät Electronic Media, Diplomarbeit.

Kaiser, M.O. (2006): *Kundenzufriedenheit kompakt / Leitfaden für dauerhafte Wettbewerbsvorteile.* Berlin: Erich Schmidt Verlag.

Kollmann, T. (o.J.): Springer Gabler Verlag (Hrsg.), *Gabler Wirtschaftslexikon, Stichwort: Onlinewerbung.* Unter: http://wirtschaftslexikon.gabler.de/Definition/onlinewerbung.html (Abruf am 14.08.2017).

Kracklauer, A.H./ Mills, D.Q./ Seifert, D. (Hrsg.) (2004): *Collaborative Customer Relationship Management / Taking CRM to the Next Level.* Berlin, Heidelberg: Springer-Verlag.

Krafft, M. (2007): *Kundenbindung und Kundenwert.* Heidelberg: Physica-Verlag.

Krafft, M./ Albers, S. (2000): Ansätze zur Segmentierung von Kunden – Wie geeignet sind herkömmliche Konzepte? In: *Schmalenbachs Zeitschrift für betriebswirtschaftliche Forschung*, Ausgabe 52, Nr. 6, September 2000. S. 515-536.

Krüger, S.M. (1997): *Profitabilitätsorientierte Kundenbindung durch Zufriedenheitsmanagement / Kundenzufriedenheit und Kundenwert als Steuerungsgröße für die Kundenbindung in marktorientierten Dienstleistungsunternehmen.* München: FGM-Verlag.

Kumar, V./ Reinartz, W.J. (2006): *Customer Relationship Management / A Databased Approach.* Hoboken: John Wiley & Sons.

Lehnert, F. (2014): *Kundenbindungsmanagement / Ein länder- und branchenübergreifendes metaanalytisches Strukturgleichungsmodell (MASEM) zur Analyse der Determinanten der Kundenbindung.* Hamburg: Verlag Dr. Kovač.

Lehr, D. (2006): *Kundenbindungsmanagement und Sanierungserfolg: Explorative Analyse der Wirkungszusammenhänge.* Wiesbaden: Deutscher Universitäts-Verlag.

Lies, J. (o.J.): Springer Gabler Verlag (Hrsg.), *Gabler Wirtschaftslexikon, Stichwort: harte und weiche Faktoren.* Unter: http://wirtschaftslexikon.gabler.de/Definition/harte-und-weiche-faktoren.html (Abruf am 10.08.2017).

Martínez-Lopéz, F.J./ Anaya-Sánchez, R./ Aguilar-Illescas, R./ Molinillo, S. (2016): *Online Brand Communities: Using the Social Web for Branding and Marketing*. Cham: Springer Verlag.

Morgan, R.M./ Hunt, S.D. (1994): The Commitment-Trust Theory of Relationship Marketing. In: *Journal of Marketing*, Volume 58, Issue 3, July 1994. S. 20-38.

Neumann, T./ Schnöring, M. (2010): Erfolgsfaktoren von Value Added Services / Eine empirische Analyse am Beispiel eines B2B-Unternehmens. In: Woisetschläger, D., Michaelis, M., Evanschitzky, H., Eiting, A. & Backhaus, C. (Hrsg.): *Marketing von Solutions / Innovative Ansätze und Best Practices*, Wiesbaden: Gabler Verlag.

Peter, S.I. (1999): *Kundenbindung als Marketingziel: Identifikation und Analyse zentraler Determinanten*. Wiesbaden: Betriebswirtschaftlicher Verlag Dr. Th. Gabler.

Plangger, K. (2012): The Power of Popularity: How the Size of a Virtual Community adds to Firm Value. In: *Journal of Public Affairs*, Volume 12, Issue 2, March 2012, S. 145-153.

Pleil, T. (2017): Kommunikation in der digitalen Welt. In: Zerfaß, A. / Pleil, T. (Hrsg.): *Handbuch Online-PR / Strategische Kommunikation im Internet und Social Web*, Köln: Halem Verlag, S. 17-38.

Pleil, T./ Bastian, M. (2017): Online-Communities im Kommunikationsmanagement. In: Zerfaß, A. / Pleil, T. (Hrsg.): *Handbuch Online-PR / Strategische Kommunikation im Internet und Social Web*, Köln: Halem Verlag, S. 317-332.

Popp, B. (2011): *Markenerfolg durch Brand Communities / Eine Analyse der Wirkung psychologischer Variablen auf ökonomischen Erfolgsindikatoren*. Wiesbaden: Gabler Verlag.

Popp, B./ Woratschek, H. (2017): Consumers' Relationships with Brands and Brand Communities – The Multifaceted Roles of Identification and Satisfaction. In: *Journal of Retailing and Consumer Services*, Volume 35, Issue 2, March 2017, S. 46-56.

Schaller, C./ Piller, F.T./ Reichwald, R. (2004): Collaboration in CRM: Potentials and Challenges of an Individualization Based Approach. In: Kracklauer, A.H., Mills, D.Q. & Seifert, D. (Hrsg.): *Collaborative Customer Relationship Management / Taking CRM to the Next Level*. Berlin, Heidelberg: Springer-Verlag, S. 109-132.

Schneider, W. (2008): *Profitable Kundenorientierung durch Customer Relationship Management (CRM) / Wertvolle Kunden gewinnen, begeistern und dauerhaft binden*. München: Oldenbourg Verlag.

Schneider, W./ Kornmeier, M. (2006): *Kundenzufriedenheit / Konzept, Messung, Management*. Bern, Stuttgart, Wien: Haupt Verlag.

Stahl, H.K. (2009): Kundenloyalität kritisch betrachten. In: Hinterhuber, H.H. / Matzler, K. (Hrsg.): *Kundenorientierte Unternehmensführung / Kundenorientierung – Kundenzufriedenheit – Kundenbindung*. Wiesbaden: Gabler Verlag, S. 87-106.

Stauss, B. (2000): Perspektivenwandel: Vom Produkt-Lebenszyklus zum Kundenbeziehungs-Lebenszyklus. In: *Marketing Review St. Gallen*, Ausgabe 17, Nr. 2, März 2000. S. 15-18.

Tiedtke, D. (2000): Bedeutung des Online Marketing für die Kommunikationspolitik. In: Link, J. (Hrsg.): *Wettbewerbsvorteile durch Online Marketing*. Berlin, Heidelberg: Springer-Verlag, S. 77-120.

Tomczak, T./ Reinecke, S./ Reinecke, S. (2009): Kundenpotentiale ausschöpfen – Gestaltungsansätze für Kundenbindung in verschiedenen Geschäftstypen. In: Hinterhuber, H.H./ Matzler, K. (Hrsg.): *Kundenorientierte Unternehmensführung / Kundenorientierung – Kundenzufriedenheit – Kundenbindung*. Wiesbaden: Gabler Verlag, S. 107-132.

Töpfer, A./ Wieder, M. (1999): Effiziente Kundenbindungsprogramme. In: Töpfer, A. (Hrsg.): *Kundenzufriedenheit messen und steigern*. München: Luchterhand Verlag, S. 225-266.

Tsai, P.H./ Shyu, Y.L./ Ou, Y.J./ Hsu, H.I./ Lee, P.C. (2015): The Power of Costumer Values with Social Communication in the Marketing Segmentation, *4th Annual International Conference on Enterprise Marketing and Globalization and 5th Annual International Conference on Innovation and Entrepreneurship*, Conference Paper.

Wübbenhorst, K. (o.J.): Springer Gabler Verlag (Hrsg.), *Gabler Wirtschaftslexikon, Stichwort: Nutzwertanalyse*. Unter: http://wirtschaftslexikon.gabler.de/Definition/nutzwertanalyse.html (Abruf am 13.07.2017).

## Weiterführende Literatur

Dessart, L./ Veloutsou, C./ Morgan-Thomas, A. (2015): Consumer Engagement in Online Brand Communities: a Social Media Perspective. In: *Journal of Product & Brand Management*, Volume 24, Issue 1, S. 28-42.

Marzocci, G./ Morandin, G./ Bergami, M. (2013): Brand Communities: Loyal to the Community or the Brand? In: *European Journal of Marketing*, Volume 47, Issues 1/2, S. 93-114.

Sloan, S./ Bodey, K./ Gyrd-Jones, R. (2015): Knowledge Sharing in Online Brand Communities. In: Qualitative Market Research: *An International Journal*, Volume 18, Issue 3, S. 320-345.

Thaichon, P./ Quach, T.N. (2015): From Marketing Communications to Brand Management: Factors Influencing Relationship Quality and Costumer Retention. In: *Journal of Relationship Marketing*, Volume 14, Issue 3, S. 197-219.

Zhu, D.H./ Sun, H./ Chang, Y.P. (2016): Effect of Social Support on Costumer Satisfaction and Citizenship Behavior in Online Brand Communities: The Moderating Role of Support Source. In: *Journal of Retailing and Consumer Services*, Volume 31, S. 287-293.